Niza Ganor

Wer bist du, Anuschka?

Die Überlebensgeschichte eines jüdischen Mädchens

Aus dem Hebräischen von Wolfgang Jeremias

Verlag C. H. Beck München

ISBN 3 406 40526 6

Gesamtherstellung: Druckerei Wagner GmbH, Nördlingen
Gedruckt auf säurefreiem, aus chlorfrei gebleichtem Zellstoff
hergestellten Papier
Printed in Germany

Der Einmarsch der deutschen Truppen

Tag und Nacht schon dauert das immer stärker werdende Artilleriefeuer, das den Vormarsch der deutschen Truppen in die Außenbezirke der Stadt begleitet. Meine Familie und ich sind eingeschlossen in unserem kleinen Haus, Grunwalzkastraße 30 in Rawa Russkaja, Bezirk Lemberg. Die Fenster des Hauses sind mit alten Tüchern verhängt, es gibt kein Licht, nur das Aufblitzen des Mündungsfeuers der Kanonen, und die Wände des Hauses beben bei jeder Detonation. Wir haben das Gefühl, der Beschuß gilt nur unserem Haus.

Am Morgen des 28. Juni 1941 herrscht plötzlich eine unheimliche Stille. Die aufgehende Sonne empfängt uns mit ihren goldenen Strahlen, als hätten die Geschehnisse der letzten vierundzwanzig Stunden nicht stattgefunden. Nie zuvor habe ich die Gesichter meiner Lieben so voll Sorge und abgrundtiefem Kummer gesehen wie an diesem Morgen. Die Detonationen werden abgelöst vom Dröhnen der Militärstiefel der deutschen Soldaten und der SS. Vater sagt: »Die Deutschen sind schon ganz nahe bei unserem Haus.« Mutter ist bleich. Wir sind alle erstarrt.

Als wir zum Fenster hinausspähten, bemerkten wir eine Bekanntmachung, die an einem Baum angeschlagen war. Ich lief gleich nach draußen, um sie zu lesen: Alle Juden im Alter von 16 bis zu 50 Jahren wurden aufgefordert, sich im Geschäftszentrum der Stadt zur Arbeit zu melden. Außerdem wurde eine nächtliche Ausgangssperre verhängt.

Meine Schwester Jaffa und ich meldeten uns. Die Leute wurden nach einer Liste zur Arbeit eingeteilt. Ich wurde der Zweigstelle des Landwirtschaftsamtes zugewiesen. Ich bat darum, nicht allein dorthin geschickt zu werden. Man sagte mir, daß meine Freundin Schoschana schon dort arbeite, ich solle mich ihr anschließen. Die Frau, die die Arbeit zuwies, sagte mir noch: »Da hast Du aber Glück gehabt, an einen solchen Arbeitsplatz zu kommen.« Das beruhigte mich zunächst.

In der Zweigstelle des Landwirtschaftsamtes wurde ich von dessen Leiter, Herrn Kimmel, empfangen. Er war Deutscher, im Sudetenland geboren und von der deutschen Besatzung mit dieser Tätigkeit beauftragt worden. Er erklärte mir höflich, daß ich täglich morgens die Einkäufe zu erledigen und ihm dann eine Rechnung über alle meine Ausgaben vorzulegen habe. Am Nachmittag müsse ich mich zusammen mit Schoschana um die Säuberung der Büroräume kümmern.

Im Hof des Amtsgebäudes befand sich eine Baracke, die als Lagerraum diente. Dort konnten Schoschana und ich in den wenigen freien Augenblicken, die uns während unserer Arbeitszeit blieben, ungestört miteinander sprechen. Schoschana hatte schon einige Tage in dem Amt gearbeitet und wußte mir einiges zu erzählen und mich über unsere Arbeitgeber zu informieren. Sie warnte mich vor der Gefahr, die durch die Anwesenheit der ›Chefin‹ entstanden war. »Eine Antisemitin wie die gibt es nicht noch einmal«, flüsterte sie mir zu. – »Sie ist die Schwägerin von Kimmel und eine Ukrainerin. Der Stellvertreter von Kimmel, Kowalski, ist deutscher Abstammung, ein abscheulicher Antisemit auch er, schlimmer noch als Kimmel.«

Die Familie Kowalski wohnte im oberen Stockwerk des Bürogebäudes. Frau Kowalski – gebildet und höflich im Umgang mit uns – und ihre Tochter Lili arbeiteten im Büro.

Kowalski erschien im Lagerraum und schnüffelte überall herum wie ein Wachhund, während wir so taten, als ob wir beim Aufräumen des Lagerraums schwere Arbeit verrichteten. »Die Inspektion ist vorüber«, sagte ich zu Schoschana.

Einmal, auf dem Weg von der Arbeit nach Hause, sah ich eine Gruppe SS-Männer. Ich fürchtete mich und begann zu zittern. Während ich schneller ging, betrachtete ich sie verstohlen. Einen kurzen Augenblick schien es mir, als ob sie mit sich selbst beschäftigt wären, aber plötzlich griff sich einer von ihnen einen unserer Männer und fragte ihn nach seiner Arbeitsbescheinigung. Ich spürte, daß irgend etwas in der Luft lag, verdrückte mich in eine Nebenstraße und lief so schnell ich konnte. Die ganze Familie saß daheim, und meine Mutter verhängte gerade die Fenster. Das Haus war verschlossen, so fühlten wir uns drinnen etwas sicherer.

Tritte von Militärstiefeln waren bedrohlich zu hören. Als sie sich wieder entfernt hatten, begann meine Schwester Jaffa ein heißes Getränk für Mutter zuzubereiten, denn sie litt unter Magenschmerzen. Plötzlich wurden die Stiefeltritte wieder lauter, und während Schläge gegen unsere Eingangstür donnerten, hörte man lautes Rufen: »Aufmachen! – Sofort aufmachen!«

Unsere Wohnung bestand aus vier Zimmern. In den beiden hinteren waren Vater und mein Onkel. Schnell schoben wir einen Schrank vor die beiden Türflügel und verbargen damit den Eingang zu den Zimmern. Dann öffneten wir die Haustür und zwei SS-Männer mit Handlaternen, deren grelles Licht uns blendete, fragten: »Wo sind die Männer?« – »Es sind keine Männer hier«, antwortete meine Mutter, und mit Nachdruck sagte sie noch einmal: »Ich bin mit meinen Töchtern allein!«

Die SS-Männer gingen durch das ganze Haus. Nur der Hall ihrer groben, gewalttätigen Schritte war noch stärker als unser Herzklopfen. Sie kamen auch zu dem Schrank, hinter dem sich Vater und mein Onkel versteckt hielten. Sie leuchteten in alle Ecken. Dann gingen sie wieder fort.

Ich sagte meinem Vater, daß die Gefahr vorüber sei. Die Aufregung und die Angst hatten mich müde gemacht. Ich schlief ein.

Das Morgenlicht weckte mich. An der Eingangstür war leises Klopfen zu hören. Wer konnte es gewagt haben, trotz der Ausgangssperre auf die Straße zu gehen? Wir wunderten uns.

– Es konnte doch wohl nicht sein, daß ein Nachbar da klopfte?

Mein Vater, der vor mir aufgestanden war, hatte die Gebetsriemen angelegt und gerade das Morgengebet gesprochen. Er ging an die Tür. Dann hörten wir Sarales Stimme, sie war eine Cousine meiner Mutter. Als wir die Tür öffneten, bot sich uns ein erschreckender Anblick: Sarales Kleider waren über und über mit Schmutz bedeckt und verbreiteten einen penetranten Kanalgeruch. Das Haar hing ihr wirr ins Gesicht. Sie mußte einen schweren Schock erlitten haben, denn sie antwortete gar nicht auf unseren Gutenmorgengruß. Sie fragte: »Wißt Ihr, was man mit den Juden macht?« Sie trat ein, lief um den Tisch herum und redete wie vom Wahnsinn besessen: »Gestern nachmittag brachten sie mich auf einen Eisenbahnwaggon. Sie transportierten uns nach Belzec. Sofort – beim Aussteigen aus dem Zug – roch ich Gift – Giftgas. Sie befahlen uns, uns auszuziehen. Ukrainer legten Gewehre auf uns an, dann trieben sie eine Gruppe nackter Juden in einen großen Hof, von dort aus zu einem großen Gebäude, aus dem man Erstickungsschreie hörte. Man erstickt die Juden! Man vergiftet sie mit Gas! Ich konnte entkommen, ich bin durch eine Kanalröhre gekrochen . . . die ganze Nacht bin ich gelaufen!« Vater sagte: »Wer nach Hitlers Sturz noch lebt, wird dem gleichen, der von den Toten auferstanden ist.«

Seit dem Einmarsch der Deutschen schrieben wir vorsichtshalber keine Briefe mehr und waren darum von unseren vielen Familienangehörigen, die im ganzen Land verstreut lebten, völlig abgeschnitten. Doch einige Tage, nachdem wir von Sarale erfahren hatten, was in Belzec geschehen war, erreichte uns eine Postkarte von Fela, meiner Cousine aus Novi-Sonz, das circa 250 km von uns entfernt war, und auf der Karte stand: »Bitte, schickt mir Lebensmittelpakete, wir sind auf dem Weg ins Arbeitslager Belzec.«

Es war schmerzlich und bitter, diese Zeilen von Fela zu lesen. Wir wußten schon, was sie noch nicht ahnte. Es geht in ein Arbeitslager – das war die Lüge, die das Ziel gut tarnte: das Todeslager. Und das System blieb sich immer gleich: Täuschung, Aushungern, Schwächung und verbrecherischer Mord.

An einem frühen Sonntagmorgen, als die Ausgangssperre vorüber war, ging ich wie gewöhnlich in die Filiale des Landwirtschaftsamtes. Es war zwar der Ruhetag der Woche, doch wir Juden mußten arbeiten. Als ich in eines der Büros kam, saß Lili Kowalski an der Schreibmaschine. Ich wollte einer Begegnung mit ihr ausweichen und schnell wieder gehen. Lili rief jedoch mit überraschender Liebenswürdigkeit: »Komm doch her, Anitza, du störst mich überhaupt nicht, hoffentlich störe ich dich nicht bei deiner Arbeit.« Diese Worte verwirrten mich. Ich arbeitete so schnell ich konnte und bemühte mich, so wenig Lärm wie möglich zu machen. Lili versuchte, ein Gespräch mit mir zu beginnen. Sie fragte, ich antwortete nur knapp. Plötzlich hörte Lili mit dem Schreibmaschineschreiben auf, stützte ihre Ellenbogen auf den Tisch und sah mich mit ernstem, prüfendem Blick an: »Du weißt doch sicherlich selbst, daß du überhaupt nicht wie eine Jüdin aussiehst? Du hast blaugrüne Augen und ein ›arisches‹ Gesicht. Kämm' dir doch deine Haare nach hinten, flechte dir Zöpfe. Und geh' fort von hier. Warte nicht, bis das Ghetto geschlossen wird.«

Dann wandte sie sich wieder ihrer Arbeit zu, und ich ging in ein anderes Zimmer. Lilis Worte lösten einen schweren Konflikt in mir aus. Wollte sie mich nur provozieren, oder waren ihre Worte ernst gemeint? Was hatte ihr Verhalten zu bedeuten? Wie sollte ich reagieren?

Als ich wieder zu Hause war, erzählte ich meiner Familie von dem Gespräch mit Lili. Jaffa, die immer einen guten Rat wußte, hörte aufmerksam zu. Vater bekam alles in seinem Sessel mit, und Mutter in der Küche konnte mich sprechen hören.

Es herrschte angespannte Stille bis Vater sagte: »Es sieht so aus, als ob Lili recht hat. Ich werde mich mit Pfarrer Freme beraten, wie man andere Ausweispapiere für dich bekommen kann.« Und Jaffa fügte plötzlich hinzu: »Nach allem, was ich über die Familie Kowalski gehört habe, ist anzunehmen, daß sie selbst Juden sind, die sich als Polen deutscher Herkunft ausgeben. Und nun versuchen sie, dir den Weg zu zeigen, wie du entkommen könntest.« Mutter sagte: »Es muß sofort gehandelt werden.«

Von diesem Tag an verhielt sich Kowalski Schoschana und mir gegenüber merklich zurückhaltend. Manchmal bemerkte ich, wie seltsam sein Gesichtsausdruck war, wenn unsere Blicke sich begegneten.

Eines Tages wies er mich an, endlich den Hof gründlich aufzuräumen. Er behauptete, daß es dort sehr schmutzig sei. Und er fügte hinzu, daß ich im Lagerraum übernachten solle, wenn ich mit der Arbeit bis zur Stunde des Ausgehverbots nicht fertig würde. Ich schuftete wie eine Verrückte, als plötzlich Schoschana zu mir in den Hof stürzte: »Anitza«, rief sie erschrocken, »SS auf der Straße! Sie benehmen sich wie die Wahnsinnigen!«

Jetzt verstand ich den Zusammenhang zwischen dieser ›SS-Aktion‹ und Kowalskis Anweisungen, die anscheinend dazu dienen sollten, mich zu retten. Er mußte vorher gewußt haben, daß an diesem Abend Juden verhaftet, deportiert und ermordet werden sollten.

Schoschana und ich blieben im Lagerraum, voller Angst und Sorge um unsere Angehörigen, aber wir fürchteten auch, daß die ›Chefin‹ unsere Anwesenheit bemerken könnte. Sie wäre imstande gewesen, uns hinauszutreiben. Wir verschlossen die Türen des Lagerraums, setzten uns auf eine der Kisten und weinten still vor uns hin.

Von draußen hörte man das schreckliche Schreien der SS, die die Juden zum Bahnhof abtransportierte. Bei Morgengrauen verstummten die Stimmen.

Ich suchte einen Schemel, stellte mich auf die Zehenspitzen und beobachtete die Straße. Es war alles ruhig. Ich bildete mir ein, daß alles nur ein böser Traum gewesen sei. Aber plötzlich überfiel mich die Realität wie ein Schock, als ich neben dem

Hoftor ein Kind von ungefähr zehn Jahren stehen sah, verschreckt und in schmutziger Kleidung. Es trug keinen Davidstern am Ärmel. Mit seinen großen dunklen Augen blickte es ängstlich nach allen Seiten.

Ein Zittern kam über mich, als ich meine Schwester Rosa erkannte. Ich rief ihr zu, sie wandte sich zu mir um. Mit einer Handbewegung bedeutete ich ihr, in den Hof zu kommen. Dann öffnete ich schnell das Tor und verschloß es hinter ihr wieder sorgfältig. Wir öffneten die Tür zum Lagerraum. Rosa hängte sich an mich. Mit ihren Händen umklammerte sie meinen Hals. Ihr ganzer Körper zitterte, sie weinte bitterlich. Ich drängte sie zu erzählen, was geschehen war. »Sie haben uns auf der Straße gegriffen, Vater und mich, und zum Bahnhof gebracht. Nachdem sie uns in einen Waggon gestoßen hatten, sagte Vater, ich müsse vom fahrenden Zug abspringen. Ich hatte Angst, ich wollte nicht, aber Vater stieß mich hinaus. Er selbst blieb im Zug. Ich bin dann hierher gegangen.«

Ich wunderte mich, wie die kleine Rosa den Weg zu mir hatte finden können, durch ein judenfeindliches Gebiet und einen Wald, dessen Wege ihr nur zum Teil von Spaziergängen her bekannt waren.

Rosa drückte sich an mich und erzählte weiter: »Vater und ich waren bei Pfarrer Freme. Er gab uns drei Geburtsurkunden von toten Ukrainerinnen. Auf dem Weg nach Hause wurden wir von den SS-Leuten gefaßt und zum Bahnhof geschleppt. Vater zwang mich, vom Zug zu springen. Ich sollte fliehen. Ich wollte Vater nicht verlassen. Aber er sagte mir, ich müsse springen und mich unterwegs vorsichtig verhalten. Er riß mir den Davidstern vom Ärmel. Hier in meiner Tasche sind die Geburtsurkunden.«

Als die Ausgangssperre zu Ende war, ging ich mit Rosa nach Hause. Mutter saß auf ihrem Bett in tiefer Sorge um ihre Familie. Ihr Haar war über Nacht weiß geworden.

Plötzlich hörte sie uns kommen, stürzte auf uns zu und murmelte: »Gott, Du gibst mir meine Töchter zurück.« Sie umarmte uns und brach in Tränen aus.

Mutter fragte uns nach Vater. Wir versuchten, ihr mit ausweichenden Antworten die furchtbare Wahrheit zu verbergen. Aber Mutter ließ sich nicht täuschen. Jaffa sagte: »Bald werden wir wieder mit ihm zusammen sein ...«

Ich mußte zur Arbeit und ging ins Amt zurück. An diesem Tag beendete ich meine üblichen Einkäufe früher als gewöhnlich. Ich gab sie Kowalski. Er sah mich mit durchdringendem Blick an, gab mir ein Formular und sagte: »Schreib mir jeden Artikel in Deutsch auf!« Ich tat es und versuchte, mir seinen Befehl zu erklären. Kowalski nahm das Formular, gab mir ein großes Lebensmittelpaket und sagte: »Verlaß sofort das Ghetto, geh für immer weg! In dem Paket ist alles drin, was du brauchst, mit dem Notwendigsten bist du versorgt.«

Er drückte mir fest die Hand und sah mich aufmunternd an.

Von den vielen Nahrungsmitteln, die ich mit nach Hause brachte, konnte Mutter auch noch zwei Nachbarfamilien etwas abgeben.

Vorbereitungen zur Flucht aus dem Ghetto

Spät am Abend sahen wir uns die Geburtsurkunden an. Die Urkunde, die für mich bestimmt war, lautete auf den Namen ›Anna Osimok‹. Ich prägte mir den Namen ein und erfand eine Lebensgeschichte für meine neue Identität: Ich, Anna Osimok, 18 Jahre alt, wurde in Lobitza geboren. Meine Eltern, ukrainischer Nationalität, sind vor zwei Jahren von den Russen nach Sibirien verschleppt worden, und ich habe keine Ahnung, was mit ihnen geschehen ist.

Jaffa nahm sich die für sie bestimmte Urkunde.

Mutter sagte zu uns: »Ihr habt die Pflicht zu kämpfen. Ihr dürft euch diesem Regime nicht unterwerfen. Denn zuletzt wird das Recht siegen. Ihr müßt diesen Sieg erleben!«

Ich reagierte spontan auf ihre Worte: »Mutter, ich weiß, daß ich verpflichtet bin zu überleben, damit ich Zeugin bin, wenn Hitler stürzt und die Nazis fallen. Ich werde überleben!«

Ich war beherrscht von einem Gefühl großer Sicherheit, und noch heute weiß ich nicht, was damals die Quelle dieser Selbstsicherheit war, die in mir die Überzeugung nährte, daß ich alles, was mir bevorstand, bewältigen und überwinden würde.

Meine Schwester Jaffa zeigte keine Begeisterung. Sie hatte keinen Glauben an ihre Fähigkeit, auf einem so schwierigen Weg den Auftrag der Mutter zu erfüllen. Es waren dies die Tage, an denen die Naziherrschaft ihren Höhepunkt erreicht hatte. Ganz Europa erzitterte unter dem Tritt deutscher Militärstiefel. Aber an der russischen Front erlitten die Deutschen bereits schwere Verluste, und wieder mußten die Juden als Sündenböcke herhalten.

Ich bemerkte Jaffas Zögern und ihr besorgtes Gesicht und sagte in entschiedenem Ton: »Jaffa, wir müssen uns schnell darum kümmern, mit unseren neuen Geburtsurkunden Antragsformulare vom Amt für den freiwilligen Arbeitseinsatz in Deutschland zu bekommen, damit wir das Ghetto bald verlassen können. Swoboda wird uns helfen. Ich habe ihn diese Woche wieder getroffen, er war sehr besorgt um unser Wohlergehen. Wenn wir verschwinden wollten, würde er uns helfen, sobald wir seiner Hilfe bedürften.«

Swoboda war ein guter Nachbar, unserer Familie seit einigen Jahren als liberaler und toleranter Pole bekannt. In den Nachmittagsstunden ging ich zu seinem Haus. Er hatte gerade Besuch, entschuldigte sich aber schnell bei seinen Gästen und folgte mir zu unserem Haus.

»Wie schmerzt es mich, euch so zu sehen«, sagte er freundschaftlich zu meiner Mutter, als er unser Haus betrat. »Was kann ich für die Familie Fränkel tun?«

Mutter antwortete: »Meine Töchter möchten das Ghetto verlassen, und weil Sie auf dem Weg zum Bahnhof bei den Reparaturen an den Telefonleitungen beschäftigt sind, können Sie sie vielleicht begleiten?« – »Aber sicher«, erwiderte Swoboda. »Und wann wollt ihr gehen?« – »Sobald wir eine

Arbeitsverpflichtung für Deutschland erhalten haben«, sagte ich. »Dann werde ich mich für Sie um diese Papiere bemühen, Fräulein Anitza, und wie steht es mit den Fahrkarten? Sie müssen doch Fahrkarten nach Przemysl lösen, wenn Sie sich dort im Büro melden wollen. Ich kann auch die Fahrkarten für Sie besorgen.«

»Vielen Dank!« sagte Mutter, während sie ihm tausend Zloty in die Hand drückte. »Wird das wohl reichen?« fragte sie. »Aber natürlich. Ich werde alles erledigen.« Dann notierte er sich alle Einzelheiten aus den Urkunden und versprach, am nächsten Tag wiederzukommen. Er murmelte einige unverständliche Worte und Wünsche und ging.

Noch am selben Abend begannen wir, uns unsere Verkleidung zu überlegen und vorzubereiten. Wir nähten zwei bäuerliche Kleider aus einfachem, ziemlich grobem Stoff, und Jaffa erinnerte sich, bei ihrem Freund, dem Getreidehändler, einen Holzkoffer gesehen zu haben, den ein Dorfbewohner versehentlich bei ihm stehengelassen hatte. Schnell lief sie zu ihrem Freund und kam mit diesem Koffer zurück.

Unsere Reise machte eine sehr genaue Vorbereitung erforderlich. Wir mußten jede Kleinigkeit bedenken. Wir mußten auch zwei Halsketten mit Kruzifixen kaufen, die ich in unserem größten Laden besorgte. Mit den beiden Kruzifixen in der Hand traf ich meine Freundin Ida. Wir sahen uns um, ob uns auch niemand beobachtete. Dann sprachen wir flüsternd und in Eile miteinander. Ida fragte: »Anitza, hast du eine Idee, wie wir das Ghetto verlassen könnten? Hier sind wir verloren. Sie werden uns alle töten.« – »Ja, ich will das Ghetto als Christin verkleidet verlassen, was sagst du dazu?« – »Das ist genau das, was ich auch möchte.« – »Die Papiere sind bereits beschafft. Swoboda bringt uns vom Ghetto zum Bahnhof.« – »Wer ist Swoboda?« – »Ein Techniker beim Telefonamt, er ist ein Freund von uns.« – »Kann ich mich euch nicht anschließen?« – »Sicher, prima! Ich glaube, daß wir gut zusammenpassen.« – »Also, wann können wir fortgehen?« – »Ich sage dir Bescheid, sobald ich es selbst weiß.«

Wir trennten uns.

Zuhause wartete Swoboda auf mich. Er wollte am kommenden Dienstag nachmittags um drei Uhr die Koffer zum Bahnhof bringen. Wir sollten den Weg über die Felder nehmen.

Ich beeilte mich, Ida den Termin unserer Abreise mitzuteilen. Außer Atem und aufgeregt stieg ich die Treppen zur Familie Kleiner hinauf. Idas Mutter gab uns noch Ratschläge mit auf den Weg. Ich liebte und verehrte diese kluge Frau. Sie schärfte uns ein, daß wir niemals zusammen gesehen werden dürften. Wir sollten stets getrennt im Zugabteil sitzen, niemals nebeneinander gehen und uns nur im Geheimen verständigen. Wir versprachen, ihre Ratschläge zu befolgen. Ich verabschiedete mich von Idas Familie und beeilte mich, um vor Beginn der Ausgangssperre zu Hause zu sein.

»Anitza«, erinnerte Mutter sich plötzlich, »Henek war hier, während du bei Ida warst.«

Freude und Kummer zugleich empfand ich bei diesen Worten und entschloß mich, schnell noch zu ihm zu gehen, um mich zu verabschieden. Henek war mein Freund. Er gehörte zu den wenigen jüdischen Studenten, die das zweite medizinische Studienjahr beendet hatten. Auch ihm war ein Arbeitsplatz in einem Laboratorium bei den Deutschen zugeteilt worden. Mir blieb nur noch wenig Zeit bis zum Beginn der Ausgangssperre. Ich überquerte schnell die Straßen, die zwischen unseren Wohnungen lagen. Unterwegs zogen – wie in einem Film – all die vielen Stunden vorüber, die wir zusammen verbracht hatten, die vielen philosophischen Diskussionen, die wir gemeinsam über die verschiedensten Themen geführt hatten, vor allem über den Zionismus. Henek wollte nicht daran glauben, daß das jüdische Volk je fähig sein würde, politische Unabhängigkeit zu erlangen und sich eine eigene Heimstätte zu schaffen. Seiner Meinung nach sollten sich die Juden der kommunistischen Bewegung anschließen und sich überall assimilieren. So dachten auch viele Mitglieder des »Bundes«, vor allem aber viele jüdische Studenten. Ich war ganz anderer Ansicht. Ich war von dem Glauben erfüllt, daß Erez Israel dem jüdischen Volk gehöre, und vertrat meinen Standpunkt mit Nachdruck: Es muß unser Ziel sein, nach Erez Israel zu gehen!

Ich erinnerte mich auch an einen Abend, an dem wir gemeinsam im jiddischen Theater in Lemberg eine Aufführung von »Schulamit« gesehen hatten. Auf dem Nachhauseweg zum Studentenheim waren wir Hand in Hand gegangen und hatten die Melodien aus der Aufführung gesummt.

An dies alles mußte ich denken, während ich zu Henek lief: Glückliche Jugenderinnerungen – so schnell mußte diese Unbeschwertheit den Augenblicken der Verzweiflung weichen.

Ich klopfte an die Tür und Henek öffnete.

Er hatte bei der letzten »Aktion« seine Eltern und seine beiden Brüder verloren, er war allein übrig geblieben. Ich war unfähig, ihn zu trösten, mir fehlten die Worte des Trostes. Man mußte ja unablässig nur daran denken, wie man von Stunde zu Stunde, von Augenblick zu Augenblick die vielen Hindernisse, die sich vor einem auftürmten, bewältigen könnte.

Ich sagte zu Henek: »Morgen gehe ich weg von hier, und zwar als Ukrainerin. Ich möchte am Leben bleiben, komme, was da wolle. Ich möchte zu denen gehören, die nach Hitlers Sturz die neue Welt wieder aufbauen. Ich sehne mich geradezu danach zu überleben, und ich bin fest davon überzeugt, daß wir, wenn das Hitlerregime besiegt ist, eine bessere Welt schaffen werden.«

Mit lautem Lachen platzte Henek in meine Worte, – aber er sagte nichts. Und ich verstand: Er glaubte nicht an ein solches neues Leben nach dem Kriege, er war verzweifelt, und er hielt mich, die ich noch an eine bessere Welt glauben konnte, nur für naiv.

Plötzlich wurde sein Gesicht sehr ernst. Er blickte mich an, als wolle er diesen Moment in sein Gedächtnis eingraben, diesen für ihn so kostbaren Augenblick wie auf einer Fotografie für immer festhalten. Bald würde unser Zusammensein der

Vergangenheit angehören, als ob nie gewesen wäre, was zwischen uns bestand. Er sah mich mit einem so traurigen und tiefen Blick an, daß ich das Gefühl hatte, mich niemals von ihm trennen, ihn niemals verlassen zu können. Doch dann, im Bruchteil einer Sekunde, fühlte ich, daß er meinen naiven Glauben an eine bessere Welt verstand, daß er mich sogar darin bestärken wollte.

»Auf Wiedersehen nach dem Krieg«, rief ich ihm zu, während ich mich von ihm losriß und zum Abschied noch einmal winkte. »Auf Wiedersehen«, antwortete er.

Ich fühlte, wie mich sein Blick begleitete, bis ich ganz verschwunden war.

Während des ganzen Abends trafen wir dann noch Vorbereitungen für die Reise. Es war eben keine Vergnügungsreise und kein Ausflug in die Alpen. Alles mußte genau vorher überlegt und geplant werden, denn diese Reise konnte entweder ins Leben oder in den Tod führen.

Meine Schwester Jaffa hatte sich entschlossen, nicht mit mir zu gehen. Verkleidet als Ukrainerin in einem Meer von Feindseligkeit zu leben, das schien ihre Kräfte zu übersteigen. Sie hoffte, sich mit ihrem Freund den Partisanen in den Wäldern anschließen zu können.

Am 16. Juni 1942 mittags kam Swoboda. Er war pünktlich, nahm die Koffer und ging, wie es geplant war.

Die Stunde des Abschieds war gekommen. Es wurde ein langes Abschiednehmen, da uns die Kraft fehlte, uns voneinander loszureißen. Ich verabschiedete mich von Mutter, von meinen beiden Schwestern Jaffa und Rosa und von meinem Bruder Alexander. Wir weinten alle unaufhörlich, und unsere Tränen drückten unser Gefühl aus, das uns alle in diesem Augenblick beherrschte: Wir würden uns niemals wiedersehen...

Auch daß wir uns unseres grausamen Schicksals bewußt waren, drückten unsere Tränen aus, und in meine Erinnerung sind die Worte meiner Mutter eingegraben: »Denk daran, Tochter«, sagte sie, »das erste, was du als freier Mensch nach dem Kriege tun mußt – du mußt eine Reise nach Erez Israel machen. Und wenn Gott helfen wird, werden wir uns alle dort wiedersehen.« Sie sprach noch einen Segen und blickte mich voll gläubiger Zuversicht an. Und vielleicht war es die Kraft dieses Vermächtnisses, die mich stark machte, mir Selbstvertrauen und neue Fähigkeiten gab, jede Schicksalsprüfung zu bestehen, um die Hoffnung, die meine Mutter in mich gesetzt hatte, nicht zu enttäuschen.

Flucht aus dem Ghetto mit Nadja

Auf einem Feldweg trafen wir wieder auf Swoboda. Gestern noch waren wir Anitza und Ida gewesen, mit den Davidsternen am Ärmel, jetzt gingen da Anna Osimok und Nadja Lichsein, zwei Ukrainerinnen vom Dorf, jede mit einem geflochtenen Zopf um den Kopf. Die Davidsterne hatten wir von unseren Ärmeln abgerissen und am Wegrand versteckt. Ich war mir bewußt, daß dies der Beginn eines Weges war, den ich ganz allein verantworten mußte. Wir hatten den Bahnhof schon erreicht, die Pfiffe der sich nähernden Lokomotive waren schon zu hören. Swoboda drückte uns unsere Koffer in die Hand und suchte in fieberhafter Eile in seiner Tasche nach den Fahrkarten nach Przemysl. Die Erregung, die uns ergriffen hatte, übertrug sich auf ihn. Etwas verlegen nickte er mit dem Kopf, um zu bedeuten, daß er sein Versprechen einhalten und unsere Briefe weiterleiten würde, so daß wir durch ihn in Kontakt mit unseren Familien bleiben konnten.

Wir mußten in ein Abteil einsteigen, in dem bereits zwei Männer saßen. Nadja und ich setzten uns auf getrennte Plätze und gaben uns Mühe, niemanden erkennen zu lassen, wie nahe wir uns standen. Nicht einmal Blicke wechselten wir miteinander.

Ich dachte an die Besuche bei Großmutter, die in der Nähe von Przemysl wohnte. Während ich mein Spiegelbild im Zugfenster betrachtete, prägte ich mir immer wieder meine neue Identität ein: Ich war eine ›echte‹ Ukrainerin, mit Namen ›Anna Osimok‹, aus einem Dorf in der Provinz. Ich sah wirklich ukrainisch aus, bis hin zu dem gelben wollenen Umschlagtuch auf meinem Kopf.

Knarrende Türgeräusche waren zu hören, die Tür wurde geöffnet . . . und wieder zugeschlagen, es war nur der Kontrolleur, der die Fahrkarten überprüfte. Diese erste Kontrolle verlief problemlos. Ein Seufzer der Erleichterung!

Vor Mitternacht erreichte der Zug Przemysl. Im Wartesaal des Bahnhofs war eine große Menschenmenge – vor allem Polen, die betrunken waren und sangen und schrien. Andere dösten auf den Stühlen vor sich hin. Dies war alles so fremd für mich und erregte meinen Abscheu. Ein sorgloser Haufen, Menschen wie wir, aber frei. Sie trieben sich gemächlich herum, so, als ob die Welt ihnen gehöre. Warum hatten sie denn mehr Daseinsberechtigung als wir? Was hatten wir verbrochen? Zorn stieg in mir auf. Ich wollte diese bedrückende Last loswerden und warf einen Blick hinüber zu Nadja. In diesem nächtlichen Menschengewimmel mußte es möglich sein, unterzutauchen. Nadja ging zu einem Kruzifix, das auf dem Bahnhofsvorplatz aufgestellt war. Ich stellte mich neben sie und flüsterte ihr zu: »Wollen wir hier ein wenig ausruhen? Ich bin so müde.« Wir setzten uns auf die steinerne Umfassung.

Ganz langsam dämmerte der Morgen, aber schwere Wolken machten ihn noch dunkel. Auf den Straßen, die zum Hauptbahnhof führten, fragten wir Leute nach der Adresse des Arbeitsamtes. Wir schlenderten ganz langsam, um die morgendliche Ruhe zu genießen. Unsere Schritte hallten im Takt von der anderen Straßenseite wider. Als eine Gruppe von Juden in einer Reihe an uns vorbeiging, drückten wir uns in eine Straßenecke. Wir sahen uns an.

Ich verspürte Bitterkeit beim Gedanken an den gestrigen

Abschied. »Ich möchte nicht mehr weitermachen, Nadja«, sagte ich verzweifelt, »mein Platz ist zu Hause, ich muß bei meiner Familie bleiben, es ist besser, wenn wir umkehren.«

»Anna Osimok, du kannst nicht mehr umkehren, du bist ganz durcheinander von dem, was du gerade gesehen hast. Aber es gibt kein Zurück mehr für dich, du mußt mit mir zusammen weitermachen, Anna Osimok!«

Und sie wiederholte immer wieder, jede Silbe betonend, meinen neuen Namen.

Das Gebäude, in dem sich das Büro für Arbeitssuchende befand, war leer. Wir sahen den Korridor hinunter, der sehr lang war und viele Türen hatte. Auf einem der Türschilder lasen wir: »Freiwillige für den Arbeitseinsatz in Deutschland«.

Ich dachte an meine Aufgabe, öffnete die Tür ohne anzuklopfen und fragte auf ukrainisch: »Reist man von hier nach Deutschland?«

Die polnische Beamtin, die wie viele die Ukrainer zu hassen schien, geriet in Zorn und schrie mich an: »Blöde Ukrainerin! Kannst du nicht lesen?«

Und ohne mich eines Blickes zu würdigen, rief sie mich zu sich und begann ein Formular auszufüllen: Name, Geburtsdatum, Geburtsort . . .

Sie gab mir das Formular und sagte, wieder ohne mich anzusehen, daß um elf Uhr ein Zug zum Lager nach Krakau führe, in den ich mit diesem Formular einsteigen müsse.

Ich verließ das Zimmer mit einem stillen Lächeln. Die erste Prüfung als Ukrainerin hatte ich mit Erfolg bestanden. Ich hatte meine Rolle gut gespielt, ich, die blöde Ukrainerin, konnte also zufrieden sein.

Und wieder zu zweit – ohne einen Blick miteinander zu wechseln – fanden wir mit Leichtigkeit den Zug, der schon zur Abfahrt bereitstand. Jugendliche, mit bunten Koffern, warteten auf dem Bahnsteig, und die Pfiffigsten von ihnen drängten sich beim Einsteigen energisch vor. Ich setzte mich ans Fenster, weil ich wußte, daß mich das Betrachten der Landschaft vom Geschehen im Abteil ablenken konnte. Im Augenwinkel sah ich jedoch stets Nadja, die ein wenig entfernt von mir saß. Zwei Jungen, die neben mir saßen, versuchten, mit mir ins Gespräch zu kommen. Aber ich blieb hartnäckig dabei, mir die Landschaft draußen anzuschauen. »Arbeitsfreiwillige?« fragte schließlich einer der beiden. Ich sah ihn kurz an und sagte nur: »Nein, man hat mich dienstverpflichtet!« Das war das ganze Gespräch.

Das Durchgangslager in Krakau

Der Zug kam in Krakau an. Beamte riefen von einer Liste in polnischer Sprache die Namen der Reisenden auf, die nach Deutschland wollten, darunter waren auch die Namen Anna Osimok und Nadja Lichsein. Wir antworteten sofort, blieben aber wie angewurzelt auf unserem Platz stehen, bis uns eine Beamtin sehr unsanft anstieß und grob rief: »Ihr Ukrainerinnen, nach Zimmer 8!«

In Zimmer 8 befanden sich andere Freiwillige, insgesamt zehn. Das Zimmer war groß, aber ohne Möbel. Wir stellten unsere Koffer ab und setzten uns darauf. Nadja hatte sich wieder an eine andere Stelle gesetzt.

Nach einigen Minuten erschien eine junge Polin, die uns mitteilte, daß jeder von uns verpflichtet sei, sich an das Amt zu wenden, das alles weitere veranlassen werde. Immer noch betraten neue Anwärter auf eine Arbeitsstelle den Raum.

Unter den Neuangekommenen war auch eine junge Frau mit einem weinenden Säugling auf dem Arm. Das Kind spuckte einen Schnuller aus, und ich beeilte mich, ihn aufzuheben und der jungen Frau zurückzugeben. So kamen wir ins Gespräch. Sie hieß Helene und war auf der Rückfahrt zu ihrer Arbeitsstelle in Österreich. Sie hatte sich nur in Polen aufgehalten, um dort zu entbinden. Schon ein Jahr lang hatte sie auf einem abgelegenen Gut am Fuß der Alpen gearbeitet. Man war bereit, sie dort mit ihrem Säugling wieder aufzunehmen, aber nur unter der Voraussetzung, daß sie noch eine zusätzliche Arbeitskraft mitbringen würde. Anfangs hatte sich ihre Schwester bereiterklärt, mitzukommen, aber sie hatte ihr Versprechen nicht gehalten.

»Vielleicht willst du die Stelle übernehmen?« fragte sie mich. »Es sind wirklich gute Menschen, und du bekommst genug zu essen. Vielleicht kann ich für dich sogar einen Mann finden.« – »Sind dort Ukrainer?« fragte ich. – »Nein«, erwiderte Helene, »auf dem Gut, auf dem ich arbeite, arbeitet nur noch mein Mann, sonst niemand mehr. Wenn du einverstanden bist und mitkommst, wäre das wirklich eine gute Sache.«

Ich erinnerte mich an den Rat meiner Mutter, lieber nach Österreich als nach Hitler-Deutschland zu gehen, da es dort sicher weniger Nazis gäbe.

Während wir zum Amt gingen, versuchte Helene, mir die Familie Meier, die einen Hof und einen Gemischtwarenladen besaß, mit überschwenglichen Worten anzupreisen. Ohne Schwierigkeiten tauschte der Beamte in den Arbeitspapieren den Namen von Helenes Schwester gegen meinen aus, und damit war ich für die Stelle als Arbeiterin auf dem Hof der Familie Meier vorgesehen.

Als ich den Raum wieder verlassen hatte, teilte ich Nadja meine neue Adresse in Österreich mit, wir verabredeten aber rasch, daß wir nicht in Verbindung miteinander bleiben dürften.

Kurz vor Mitternacht breiteten wir einige Decken, die wir in dem Raum gefunden hatten, auf dem Boden aus und versuchten, ein wenig zu schlafen. Als ich gerade eingeschlafen war, wurde die Tür unseres Raumes mit großem Krach geöffnet und zwei Mädchen kamen herein. Und wer beschreibt mein Erstaunen, als ich sah, daß es zwei Mädchen aus dem Ghetto von Rawa Russkaja waren. Auch sie erkannten Nadja und mich sofort, doch ohne mit der Wimper zu zucken verzogen sie sich in eine Ecke des Raums.

Am Morgen wechselten Nadja und ich zum Abschied nur

einen Blick miteinander. Ich fühlte, daß ich nun in einen Krieg ziehen würde, in dem ich als Waffen Seelenstärke, Umsicht, Wendigkeit und Nerven aus Eisen brauchte.

Die Reise nach St. Martin

Helene, mit ihrem Kind auf dem Arm, und ich, mit Koffern bepackt, bestiegen den Zug nach Wien. Während das Kind schlief und auch Helene vor sich hin döste, bewunderte ich die Schönheit der Landschaft im blühenden Monat Juni.

Im Abteil befand sich noch eine Gruppe von jungen deutschen und österreichischen Soldaten, die wahrscheinlich von der russischen Front auf Heimaturlaub fuhren. An der Ostfront stießen die deutschen Truppen unter großen Verlusten weit auf russisches Territorium vor.

Der dahinrasende Zug verließ Polen und überquerte schließlich die Grenze nach Österreich. Die österreichische Landschaft mit ihren herrlichen Bergen, die gepflegten Gärten und Häuser entzückten mich immer von neuem. Der Zauber dieser Natur ließ mich über alle diejenigen nachdenken, denen diese Köstlichkeiten des Lebens versagt blieben. Endlich hielt der Zug, und in einiger Entfernung blinkte ein großes Schild, auf dem geschrieben stand: Wien.

Wir kletterten aus unserem Abteil und stiegen in einen anderen Zug, der zur Abfahrt nach St. Martin am Grimming schon bereit stand. Wir mußten uns in ein Abteil drücken, das schon voll besetzt war, mit Reisenden in bunter Tiroler Tracht. Voller Neugierde richtete ich viele Fragen an Helene. Doch sie, ein polnisches Mädchen vom Land, war nicht fähig, mir zu antworten. Sie kannte nicht einmal die Entfernung von Wien bis Sankt Martin, dem Ziel unserer Reise, sie wußte nur, daß wir ungefähr gegen Mitternacht ankommen würden.

Etwa um diese Zeit hielt dann auch der Zug in Sankt Martin. Wir waren allein auf dem Bahnsteig.

»Stephan ist nicht da«, sagte Helene enttäuscht. Ich versuchte, sie zu trösten: »Sicherlich hat er sich nicht aus Lieblosigkeit verspätet, wir müssen schnell zum Gut laufen, und dort wirst du ihn treffen.«

Nur langsam kamen wir auf dem Weg voran, der sich zwischen Feldern den Berg hinaufschlängelte. Es war ein seltsamer Marsch durch die dunkle Nacht, in einem Meer berauschender Düfte, begleitet von dem Plätschern der Wasserfälle, im Mondlicht, das über allem lag: eine geheimnisvolle Atmosphäre von märchenhafter Schönheit.

Ich atmete tief und sog die kühle Nachtluft ein, als ob ich mich satttrinken wollte an der Stille dieser herrlichen Natur.

Dann zeichneten sich in kurzer Entfernung vor uns die Umrisse eines breiten Eingangstores ab. Wir eilten darauf zu. Auf einem Schild über dem Tor stand: »Gasthaus und Gemischtwarenhandlung Meier.« Das Tor quietschte und wir traten ein. Helene ging zuerst in Stephans Zimmer. Er war nicht da. Sie sah mich verlegen an, aber ehe ich ein Wort der Ermunterung hervorbringen konnte, erschien Stephan. In seine Armesündermiene mischte sich doch ein wenig Wiedersehensfreude, als er entschuldigend sagte: »Es gibt viel Arbeit im Kuhstall.«

In der Zimmerecke stand eine niedrige Holzbank. Ich streckte mich darauf aus und schlief sofort ein, als ob ich in einem weichen Bett läge. Erst am nächsten Tag um die Mittagszeit wachte ich wieder auf, besorgt und vor Furcht zitternd, ich könnte im Schlaf Dinge gesagt haben, die mein Geheimnis preisgegeben hätten. Doch das unbekümmerte Verhalten von Helene, die das Kind stillte, beruhigte mich wieder. Ich fragte sie: »Warum hast du mich nicht früh am Morgen geweckt? Ich bin doch zum Arbeiten hierher gekommen. Und warum hast du mich der Familie Meier noch nicht vorgestellt?« Stephan mischte sich in unser Gespräch ein und sagte: »Fräulein Anna, die Herrin von Gut Steinkeller, Frau Pauli, hat Helene die Erlaubnis gegeben, das Kind mitzubringen, wenn sie ihr dafür noch eine neue Arbeitskraft besorgt.

Und zu Frau Pauli werde ich Sie jetzt bringen. Das Gut ist nur einen Kilometer von hier entfernt.« Ich warf Helene einen erstaunten Blick zu und merkte an ihrem Gesichtsausdruck, daß sie nichts von dem Abkommen zwischen Stephan und Frau Pauli gewußt hatte. Der Melker hatte uns beide regelrecht hereingelegt. Mir blieb nichts weiter übrig, als mich mit der neuen Situation abzufinden.

Gut Steinkeller

Zum Landgut Steinkeller gehörte mehr als ein halber Quadratkilometer Boden. Dutzende von Arbeitskräften bearbeiteten jeden Fußbreit Erde, waren tätig im Kuhstall, im Hühnerstall und im Haus der Familie Pauli. Zum Gutsbereich gehörte auch ein Lager französischer Kriegsgefangener, die auf den Feldern arbeiteten.

Stephan trug meinen Holzkoffer, und ich lief hinter ihm her. Ich hatte keine Ahnung, was mit mir geschehen und zu wem ich kommen würde. Aber ich fragte nicht viel, obwohl ich gern mehr gewußt hätte, je näher wir dem Wohnbereich des Gutes kamen. Die vielen Häuser ließen erkennen, daß hier auch viele Menschen wohnen mußten. Meine Neugier wuchs. Sicherlich hatten sie alle Kontakt miteinander und, wie das auf dem Lande so üblich ist, wußte jeder von jedem alles. Dieser Gedanke machte mich besorgt.

Doch die Familie Lewandowski, zu der wir zuerst gingen, empfing mich sehr herzlich. Nachdem sie gehört hatten, daß ich mit Helene gekommen sei, vermuteten sie natürlich, ich sei auch Polin. Doch Stephan klärte diesen Irrtum auf: »Anna ist eine junge Ukrainerin.« »Ukrainerin?« rief Frau Lewandowski enttäuscht. Aber sofort fügte sie mit einem Lächeln hinzu: »Eine so nette Ukrainerin wie dich dürfte sogar mein Sohn Janek heiraten.« Sie fuhr fort von ihrer Familie zu erzählen, und so hörte ich, daß die Familie Lewandowski aus Frankreich hierher gekommen war. Jahre vor Ausbruch des

Zweiten Weltkrieges waren sie aus Polen nach Frankreich geflohen und hatten dort als Tagelöhner gearbeitet. Dann versuchten sie in Deutschland ihr Glück, wurden aber auch dort enttäuscht. Und so waren sie als freiwillige Arbeiter nach Österreich gegangen.

Frau Lewandowski klagte auch über die schwere Arbeit, die sie hier bei der Familie Pauli verrichten mußte und über das schlechte Essen auf Gut Steinkeller. »In meinem Alter ist zehn Stunden als Wäscherin zu arbeiten einfach zu viel, aber man hat keine Chance, hier wegzukommen. Wer einmal Frau Pauli in die Hände fällt, den läßt sie nicht mehr los.«

Diese Geschichte stand in krassem Gegensatz zu dem, was mir Helene über den kleinen Ort, in dem es fast keine Polen gäbe, erzählt hatte. Das Herz wurde mir schwer. Wenn ich das alles vorher gewußt hätte, wäre ich sicher nicht mit Helene gegangen.

Herr Lewandowski, ein mürrischer und gewalttätig wirkender Typ, hatte bisher geschwiegen und sich überhaupt nicht in das Gespräch eingemischt. Plötzlich sagte er: »Fräulein Anna, gibt es noch Juden in Polen, oder hat man die schon alle fertiggemacht?« »O, es gibt noch eine Menge Juden in Polen«, antwortete ich, ohne zu zögern.

»Anna«, fragte mich nun Sofie, die achtzehnjährige Tochter der Lewandowskis, »es gibt hier Ukrainerinnen, möchtest du sie kennenlernen?«

»Ja«, sagte ich schnell und versuchte so zu tun, als ob ich von dem Vorschlag begeistert wäre, obwohl er mich mit Besorgnis erfüllte. »Vielleicht ist eine dabei, die aus deiner Gegend stammt? – Nein, nein«, verbesserte sich Sofie schnell, »sie kommen bestimmt woanders her, sie sind alle schlampig und dreckig, du bist sauber und ordentlich angezogen.«

Es klopfte und ein schwergewichtiger, ungefähr fünfunddreißigjähriger Mann, mit schwarzem Schnurrbart, der ihn abstoßend und brutal machte, kam mit schaukelndem Schritt ins Zimmer. »Herzlich willkommen«, rief er und lächelte mich zudringlich an. »Mein Name ist Staschek.« Dann wandte er sich Stephan zu und sagte: »Nett von dir, daß du uns so hübschen Besuch mitgebracht hast.« Frau Lewandowski verbesserte ihn: »Fräulein Anna bleibt hier auf Steinkeller als Arbeiterin und nicht als Besuch.« Staschek Schzerbnitzki lächelte zufrieden und schätzte mich mit geilen Blicken ab. Ich bemühte mich, meinen Abscheu und Ekel zu verbergen. »Ich bin der Traktorfahrer von Frau Pauli, ich bin als Freiwilliger hier.«

»Du wirst noch öfter Gelegenheit haben, dich mit Anna zu unterhalten«, unterbrach ihn Sofie, »jetzt müssen wir zuerst einen wichtigen Besuch machen.« Damit nahm sie mich bei der Hand, und wir gingen schnell aus dem Zimmer. Nur wenige Schritte waren es zum Quartier der Ukrainerinnen, mein Herz wurde immer schwerer. Die ärmliche Unterkunft lag in gebührender Entfernung von dem Prachtbau, in dem die Familie Pauli wohnte. Sofie öffnete die graue Tür und beißender Schweißgeruch schlug uns entgegen. Obwohl draußen die Sonne schien, lag der Raum im Halbdunkel, da die Fensterscheiben völlig verstaubt und verdreckt waren, so daß kaum Licht hereindrang. Drinnen standen drei Betten, darauf gehäuft Lumpen, Bettlaken, Kleidungsstücke. In einer Ecke sah ich ein merkwürdiges Möbelstück stehen, halb Schrank, halb Tisch, das war das ganze Mobiliar. Die Mädchen hatten Besuch. Maria und Faraschka stellten uns die Burschen vor. Drei von ihnen waren auch Ukrainer, die zu den Arbeitern auf dem Gut gehörten; sie konnten ihre Mädchen besuchen, weil Sonntagnachmittag war. »Wir alle kommen aus dem Bezirk Wolynien«, sagte Faraschka. »Und wo bist du her?« – »O«, sagte ich, »ich wohne 300 Kilometer östlich von euch, ich bin aus dem Bezirk Lemberg.«

Es waren einfache Menschen, aber von der anständigen und angenehmen Sorte. Sie sahen in mir, Fräulein Anna, eine Intellektuelle, die in der Stadt studiert hatte.

Nach diesem kurzen Besuch schlenderte Sofie mit mir über den Hof, als plötzlich drüben an der Wegbiegung der Kraftmensch Schzerbnitzki auftauchte. Neben ihm ging eine blonde, blauäugige Frau, die ein Dirndlkleid trug. Sie war ungefähr vierzig Jahre, mit auffallend schlanker Taille und einem breiten Lächeln auf dem Gesicht, das die Zufriedenheit eines Menschen auszudrücken schien, der seine Macht über andere genießt.

Sofie konnte mir gerade noch zuflüstern: »Das ist Frau Pauli, unsere Gutsherrin. Sieh zu, daß du ihr gefällst! Von ihr hängen wir alle ab.«

»Liebste Sofie«, sagte Frau Pauli auf Deutsch und wandte sich ihr mit zuckersüßem Lächeln zu. »Ist dies das neue Mädchen, das zu uns zum Arbeiten gekommen ist? Sie scheint in der Tat sehr kultiviert zu sein.« Dabei musterte sie mich mit prüfenden Blicken von Kopf bis Fuß wie ein zufriedener Kaufmann, der sich von seiner Ware einen guten Gewinn verspricht. »O, sie ist sauber und gepflegt! Ich werde sie im Haus beschäftigen und ihr sogar die Pflege der Kinder anvertrauen können!« Und wieder lächelte sie uns an und fügte hinzu: »Sie ist ganz anders als Maria und Faraschka. Sofie, übersetze Anna, was ich gesagt habe und sag ihr, sie soll heute abend um fünf Uhr in unser Büro kommen und gleich ihr Gepäck mitbringen!« Und sie blickte uns wieder mit diesem Lächeln an, das nie aus ihrem Gesicht wich.

Nachdem sie gegangen war, wollte Sofie mir ihr Gespräch mit Frau Pauli übersetzen. Ich unterbrach sie jedoch und sagte ihr, daß ich Deutsch verstünde, weil ich es in der Schule gelernt hätte. Allerdings sei ich nicht in der Lage, mich deutsch zu unterhalten. Ich hatte mich entschlossen, dies aus Sicherheitsgründen zu behaupten.

»Das ist gut«, sagte Sofie begeistert, »beim Sprechen lernt man schnell Deutsch, auch ich habe kein Wort Deutsch verstanden, als ich herkam.«

So war das Problem, wie ich meine Deutschkenntnisse erklären sollte, schon gelöst; denn ich beherrschte die deutsche Sprache sehr gut, glaubte aber, daß das niemand wissen dürfte.

Während unseres Gesprächs mit Frau Pauli hatte Schzerbnitzki nicht weit von uns entfernt auf der Wiese gesessen und jede meiner Bewegungen mit den Augen verfolgt. Sobald Frau Pauli gegangen war, kam er zu uns und sagte zu Sofie, daß ihr Vater sie bitte, nach Hause zu kommen.

»Und du, Fräulein Anna, kannst diese Gelegenheit nutzen, mit mir auf dem Gut ein wenig spazieren zu gehen. Wir werden Pflaumen von einem großen Baum pflücken, der am Abhang des Weges steht. Solche Pflaumen hast du bisher weder in Polen noch in der Ukraine gefunden!«

Sofie verließ uns, um nach Hause zu gehen, und sofort kam Schzerbnitzki an mich heran, nahm meinen Arm in seine große verschwitzte Hand und seine Absichten waren nicht zu verkennen. Ich wich vor seiner Berührung zurück und befreite mich mit einer schnellen Bewegung. Der große breitschultrige Mann starrte mich verwundert und ein wenig verletzt an. »Hast du Angst vor mir?« fragte er. »Alle Ukrainerinnen hier drängen sich ohne Unterschied nach den Männern.«

»Das Benehmen der anderen ukrainischen Mädchen interessiert mich nicht. Ich kenne sie und dich noch nicht einmal eine Stunde. Mit jemandem, den ich gerade erst kennengelernt habe, gehe ich nicht sofort Arm in Arm«, erwiderte ich.

Seine Augen blitzten zwar zornig, aber er hörte mit seinen Schmeicheleien nicht auf. So gingen wir nebeneinander her bis zu dem Pflaumenbaum. Er trug jedoch keine Früchte. »Du hast wirklich recht«, spottete ich, »in der ganzen Ukraine werde ich keinen Baum finden, der solche Früchte trägt.« »Wenn du dich nicht beeilen müßtest, um zu Frau Pauli zu gehen, würde ich dich zu einer Obstwiese im Tal mitnehmen, wo Bäume mit vielen Früchten sind.« »Ja, ich muß schnell zu Frau Pauli laufen und vorher noch mein Gepäck von Lewandowskis holen.«

Fünf Uhr nachmittags. Sofie und ich betraten den Empfangsraum der Familie Pauli, der sich im Erdgeschoß des dreistöckigen Wohnhauses befand. Frau Pauli saß in einem tiefen Sessel im hinteren Teil des Raumes. Sie lächelte uns unaufhörlich an. Sofie erklärte ihr, daß ich Deutsch verstünde und Übersetzen daher nicht nötig sei. Dann ging sie wieder.

Ich reichte Frau Pauli das Formular vom Arbeitsamt in Krakau, auf dem die Überweisung an die Familie Meier eingetragen war. Doch Frau Pauli schob das Blatt schnell mit den Worten zur Seite: »Da du nun einmal hier bist, wird dich mir niemand wieder wegnehmen können.« Sie lächelte wieder zuckersüß. »Selten ist mir ein so sympathisches Mädchen aus der Ukraine begegnet. Ich werde dich Anuschka nennen. Heute Nacht schläfst du in unserem Haus, im Gästezimmer. Morgen wirst du hier mit Lenel, unserer Hausdame, zusammenarbeiten. Ich möchte dich gleich darauf vorbereiten, Lenel ist nicht besonders freundlich. Aber das soll dich nicht weiter kümmern. Deine Unterlagen gibst du morgen früh unserer Sekretärin. Und jetzt werde ich Lenel rufen.« Sie erhob sich aus ihrem Sessel: »Lenel wird dir das Gästezimmer zeigen, und dorthin kannst du gleich dein Gepäck bringen. Anschließend gehst du in den Eßraum zum Abendbrot.«

Frau Pauli ging auf den Korridor und rief laut: »Le – nel!« Dann setzte sie sich wieder in ihren weichen Sessel, in dem sie fast völlig verschwand.

Kurz darauf betrat eine sehr korpulente Frau den Raum. Sie stand da mit gespreizten Beinen, die Hände in die Hüften gestemmt, mit wirren Haaren und rief mit vorgestrecktem Oberkörper: »Weshalb rufen Sie mich denn schon wieder, Frau Pauli?«

Frau Pauli war anscheinend an Lenels dreistes Benehmen gewöhnt, denn sie tadelte sie nur kurz und wies sie an, mich zum Gästezimmer und anschließend in die Küche zu bringen, die als Eßraum für die Angestellten diente.

Lenel, ohne ein Wort der Begrüßung zu sagen oder sich mir gar vorzustellen, rief: »Komm!« –, machte eine Kehrtwendung und marschierte in die Küche.

Nach dem Abendbrot brachte sie mich ins Gästezimmer und versuchte, sich bei mir beliebt zu machen. Ich dankte ihr und sagte: »Auf Wiedersehen, bis morgen früh.«

Dann ordnete ich meine Sachen für die Nacht. Nach langer Zeit durfte ich endlich einmal wieder unter menschlichen Bedingungen schlafen. Ich streckte mich auf meinem Bett aus und ließ in Gedanken noch einmal alles an mir vorüberziehen, was sich seit meinem Weggang von zu Hause ereignet hatte. Ich betrachtete es als eine glückliche Fügung des Schicksals, hierhergekommen zu sein und nicht zur Familie Meier. Ich glaubte, daß Frau Pauli keine Gefahr für mich bedeuten würde; dennoch hatte ich vor den Polen auf Steinkeller Angst. Ich traute ihnen zu, mich ›für eine abgegriffene Münze‹ an die Gestapo zu verraten, wenn sie mich für eine Jüdin hielten. Der Umstand, daß ich mich von den anderen Arbeiterinnen in vielem unterschied, konnte bereits ein Grund für sie sein, Verdacht zu schöpfen. Wie vorsichtig mußte ich sein!

Ein Klopfen an der Tür. Lenel trat mit einem »Guten Morgen« ein und sagte: »Du mußt wissen, daß Herr Pauli keine Fremdarbeiter in diesem Zimmer unterbringen darf! Wie kommt eigentlich Frau Pauli dazu, dich in diesem Zimmer schlafen zu lassen?!«

Ich fragte: »Wo ist denn Herr Pauli?« – »Er ist nicht hier, er ist an der Front«, antwortete Lenel.

Später erklärte mir Lenel, was ich zu tun hätte. Ich mußte das dritte Stockwerk putzen, in dem die Kinderzimmer lagen, dann die Hälfte des zweiten Stockwerks. Frau Pauli erschien, mit ihrem stereotypen Lächeln sagte sie nochmals zu mir: »Ich werde dich Anuschka nennen, denn das paßt zu dir!«

Dann wurde mir mein Zimmer zugeteilt, in das ich meinen Koffer brachte. In dem Zimmer standen zwei Betten, ein Schrank, ein Tisch, ein Stuhl und ein Waschbecken mit einem Wasserkrug. »Das Zimmer ist für dich und Sofie bestimmt«, sagte Frau Pauli und ging wieder. Mein erster Arbeitstag brachte mir Lob ein, und ich fand in der Arbeit Zuflucht vor unfreiwilligen Begegnungen und Gesprächen.

Zum Mittagessen gab es Schweinefleisch, das ich zum ersten Mal in meinem Leben aß. Nur unter großen Mühen gelang es mir – der Tochter einer orthodoxen jüdischen Familie – das Essen herunterzuwürgen, ohne daß es auffiel.

Daß ich mit Sofie zusammenwohnen mußte, einer Polin, die voller Haß auf die Juden war, erschien mir fatal, besonders wegen der Nächte. Ich bemühte mich immer, nicht vor ihr einzuschlafen, da ich befürchtete, im Schlaf redend mein Geheimnis preiszugeben. Das Ringen mit der Müdigkeit wurde oft grausam.

Ich erhielt einen Brief von meiner Mutter und Jaffa. Sie bestätigten mir, daß sie meinen ersten Brief erhalten hatten, baten mich aber, ihnen erst wieder an ihre neue Adresse zu schreiben, die sie mir demnächst mitteilen würden. Ich verstand. Meine Mutter wollte keine Briefe von mir haben, aus Sorge um meine Sicherheit.

Wie war es möglich, daß Jaffa sich immer noch im Ghetto aufhielt? Vielleicht war ihrem Freund etwas zugestoßen, was sie nun daran hinderte, in den Wäldern unterzutauchen?

Als ich den Brief meiner Lieben las, sah ich ihre besorgten und verängstigten Gesichter vor mir. Mein Gott! Mögest Du mir Flügel geben, damit ich wie ein Vogel zu ihnen fliegen könnte, um meinen Kopf in Mutters Schoß zu legen, nur für einen Tag, nur für eine Stunde, ja nur für einen Augenblick, damit die Sehnsucht, das Gefühl der Einsamkeit, die Furcht, die Sorge von mir genommen würden!

Ich drückte den Brief an meine Lippen. Die Gedanken an ihr Schicksal quälten mich. Meine Befürchtungen, daß ihnen das Schlimmste bevorstand, brachten mich zur Verzweiflung und raubten mir jede Kraft.

Trotz allem aber war mir klar, daß ich meinen Kampf durchstehen mußte, mit Kaltblütigkeit und unerschütterlichem Vertrauen in meine Aufgabe.

Ich faßte den Entschluß, in den nächsten Tagen an Jaffa zu schreiben, nicht zur Arbeit nach Deutschland zu fahren, es sei besser für sie, wenn sie sich den Partisanen anschlösse. Diesen Brief wollte ich an Swoboda schicken, der würde ihn sicher, wie er versprochen hatte, an Jaffa weiterleiten.

Wieder versuchte Staschek, mich in meinem Zimmer zu besuchen. Zum Glück konnte auch Sofie ihn nicht leiden, so überließ ich es ihr, ihm eine Abfuhr zu erteilen. Ich hatte Angst, das selbst zu tun.

Der Tagesablauf wurde bald zur Routine.

Meine Sehnsucht nach meinen Lieben daheim wuchs von Tag zu Tag. Ich versuchte, nach der Arbeit so schnell wie möglich in mein Zimmer zu gehen, sobald auf dem Korridor niemand von den anderen mehr war. Vor allem suchte ich so eine Begegnung mit Staschek zu vermeiden. Eines Tages gelang es ihm aber doch, mich abzupassen, und er begann sofort, über Frau Pauli herzuziehen und die Deutschen ganz allgemein schlecht zu machen. Ich sagte nichts dazu, versuchte nur herauszubekommen, was ihn veranlaßte, so über die Deutschen zu sprechen. Staschecks Belästigungen konnten mich in große Bedrängnis bringen, ich ließ mich jedoch in nichts hineinziehen, sondern setzte mich mit aller Kraft zur Wehr.

Auch Lenel erzählte mir einmal beim Mittagessen, sie könne Frau Pauli nicht ausstehen, und wolle am liebsten Steinkeller verlassen. Und da sie gerade gute Laune hatte, vertraute sie mir auch an, daß der Feldwebel Schubert sie sehr liebe und sich sogar ihretwegen von seiner Frau scheiden lassen wolle.

Für mich blieb die schönste Beschäftigung, Briefe zu schreiben. Sobald ich an meine Lieben schrieb, hatte ich die Vorstellung, mit ihnen zusammenzusein. Abends, wenn Sofie ihre Eltern zu Hause besuchte, schrieb ich Briefe an »Onkel Swoboda«, mit der Bitte, sie an meine Mutter weiterzuleiten. Ich konnte den Dienstag kaum erwarten. Das war der Tag, an dem einmal in der Woche der Postbote zu uns kam. Würde er einen Brief für mich haben?

Es goß schon den ganzen Morgen in Strömen. Der Schlamm erschwerte die Feldarbeit. In der Küche verfluchten die französischen Kriegsgefangenen die Deutschen wegen ihres grauenvollen Kaffees. Sofie entschuldigte sich, sie hatte wie immer Ersatzkaffee zubereitet.

Als Sofie dann statt dessen Milch anbot, sagte ich ganz unbefangen: »Ich mag keine Milch.« Darauf Sofie »Was? – Bist du etwa eine Jüdin?« (Sie hatte gehört, daß Juden keine Milch trinken.) Ich antwortete unbefangen: »Ich habe niemals in Gesellschaft von Juden gegessen oder getrunken, ich weiß nicht, was sie nicht mögen.«

Im Hausflur gab es einen Telefonapparat. Wenn Frau Pauli dort telefonierte, verhielten sich alle ruhig, nur Lenel nicht. Frau Pauli stand im Hausflur und rief in langgezogenen Tönen: »Le – nel«, um sie zum Schweigen zu bringen. »Wenigstens wenn ich telefoniere, solltest du deinen Mund halten«, sagte sie scharf. Lenel erwiderte: »Ich werde meine Stelle hier aufgeben, Sie können sich ein anderes Dienstmädchen suchen!«

Gegen Abend, als ich gerade meine Wäsche wusch, klopfte es an der Tür. Ich erkannte an dem Klopfzeichen, daß Staschek draußen stand. »Ich bin beim Waschen und habe nasse Hände«, rief ich. Doch das Klopfen wurde nur stärker und der Traktorfahrer rief: »Ich habe hier einen Brief für dich von deinem Bruder.« Meine Hände zitterten, als ich sie abtrocknete. Ich überwand mich aber und rief mit aufgesetztem Lachen: »Sehr interessant! Ich habe überhaupt keinen Bruder!« Ich öffnete und Staschek gab mir einen Brief, ich erkannte sofort die mir vertraute Handschrift Heneks. »Michael Osimok«, sagte ich lächelnd, »das ist mein Vetter Michael.« Staschek grinste und ging.

Wie war dieser Brief ausgerechnet in seine Hände gekommen? Ich wunderte mich. War Frau Pauli auf dem Postamt gewesen und hatte die Post für das Gut gleich mitgebracht, und Staschek hatte sie nur weiterverteilt?

Dies war das zweite Lebenszeichen aus der Welt, die ich hatte verlassen müssen. Henek schrieb einen sehr traurigen, einen verzweifelten Abschiedsbrief. Meine Adresse hatte er von meiner Schwester Jaffa erhalten. Ich war bestürzt: Henek schien, seit wir uns getrennt hatten, überhaupt keine Initiative ergriffen zu haben.

Schnell verbarg ich seinen Brief in meinem Koffer und wischte mir hastig die Tränen ab, bevor ich weiter meine Wäsche wusch. Ich sah mein Gesicht im Spiegel, der über dem Waschbecken hing, und in meinem Hirn hämmerte unaufhörlich die Frage: »Wer bist du, Anuschka?«

Im Traum sah ich mich über den Hof von Steinkeller gehen, den Davidstern am Ärmel. Ich wunderte mich, daß ich vergessen hatte, ihn abzunehmen, bevor ich aus dem Ghetto floh. Ich suchte verzweifelt nach einem Versteck, um ihn loszuwerden und hatte große Mühe, ihn von meinem Ärmel abzureißen. Viele Augenpaare starrten mich an. Alle standen um mich herum. Ich wollte fliehen, mich in Sicherheit bringen vor den neugierigen Blicken der vielen Polen, die mich bedrohten.

Ich erwachte schweißgebadet, voller Entsetzen. Ich beruhigte mich erst wieder, als ich merkte, daß Sofie in dieser Nacht nicht zum Schlafen gekommen war.

An diesem klaren Morgen begann ich früh mit meiner Arbeit. Auf dem Hof traf ich Lenel, der ich sonst nie um diese Zeit begegnet war. Sie wollte eilig zur Bushaltestelle und rief mir zu: »Anuschka, ich fahre nach Leoben.« Auf meine Frage, ob sie denn die Erlaubnis von Frau Pauli habe, sagte sie: »Ich brauche keine Genehmigung von Frau Pauli mehr, ich verlasse Steinkeller für immer.«

Nach dem Frühstück, als ich wie gewöhnlich mit meiner Putzarbeit beschäftigt war, erschien Frau Pauli und fragte mich, wie es mir gehe. Sie sagte mit ihrem zuckersüßen Lächeln: »Es ist wunderbar, mit einem so sympathischen und intelligenten Menschen, wie du es bist, zusammenzuarbeiten. Lenel ist eine bösartige Hexe. Jetzt, da du bei uns bist, kann sie ruhig gehen. Ich werde ihr nicht im Wege stehen.«

Und wieder blickte sie mich in dieser gönnerhaften Art und Weise an, während sie hinzufügte: »Wenn du mit deiner Arbeit im oberen Stockwerk fertig bist, dann sei so gut und mach das Zimmer meines Mannes sauber. Lenel hat das nicht mehr getan. Mein Mann hat mir geschrieben, daß er bald kommen wird. Vor einem Monat habe ich eine Eingabe bei den Behörden gemacht, daß er hier unabkömmlich ist, vielleicht kann ich ihn so vor den Gefahren an der Ostfront bewahren.«

Ich sagte, mir seien die Russen auch verhaßt, sie hätten meine Eltern nach Sibirien verschleppt.

Am Zimmer von Günter Pauli, dem Gutsherrn von Steinkeller, war ich schon oft vorbeigegangen. Aber noch niemals hatte ich darin saubergemacht. Das Zimmer war sehr geräumig, zwei große Schränke standen an den Wänden. Ich bekam den Auftrag, einen der beiden Schränke aufzuräumen, und öffnete die Schranktür. Das Blut schoß mir vor Entsetzen in den Kopf, als ich auf der Schirmmütze, die im Hutfach lag, das SS-Totenkopfabzeichen sah. Einen Moment glaubte ich, ohnmächtig zu werden, das Gefühl gräßlicher Hilflosigkeit überfiel mich. Nun wußte ich, wer der Hausherr dieses Gutes war.

Ich sah mich um, ob mich vielleicht jemand beobachtet hatte.

Das SS-Zeichen ließ mich an den Wahlspruch der Nazis denken: »Wenn erst das Judenblut vom Messer spritzt...«

Ich hatte nur noch einen einzigen Gedanken: Was wird aus dir, wenn der SS-Offizier Günter Pauli erfährt, daß du eine Jüdin bist? Ich wußte, das bedeutete den sicheren Tod für mich.

Diese SS-Mütze führte mir die brutale Wirklichkeit vor Augen, ich war bei Menschen im Dienst, deren Ziel es war, Juden, wo immer sie sie nur finden konnten, zu vernichten. Ich versuchte, mich zu fassen und alle meine Kräfte zusammenzunehmen. Schon der geringste Fehler konnte mich ins Verderben stürzen.

Bisher hatte ich wenig über Günter Pauli erfahren: Er war an die Ostfront versetzt worden, und ich hatte vermutet, er sei Offizier der Deutschen Wehrmacht.

Der Stabsfeldwebel Schubert, der krank und nicht zum Felddienst tauglich und deshalb zur Bewachung der französischen Kriegsgefangenen abkommandiert worden war, hatte mir gelegentlich etwas über Pauli erzählt. Am Ende jedes Gesprächs pflegte er zu sagen: »Bald wird der Krieg zu Ende sein. Wir werden alle nach Hause fahren. Und auch die Piefkes«, so nannte er abschätzig die Familie Pauli, »wird man alle nach Hause schicken.« Nebenbei erfuhr ich aus seinen Reden, daß Günter Pauli bis zum Kriegsausbruch Taxifahrer in Berlin gewesen sein sollte. Erst dann habe man ihm das Gut Steinkeller übergeben, dessen ursprünglicher, jüdischer Besitzer enteignet und ins KZ Dachau geschickt worden sei.

Heute war wieder Dienstag, der Tag, an dem die Post kam. Seitdem mir Staschek Heneks Brief gebracht hatte, paßte ich noch ängstlicher die Ankunft des Briefträgers ab. Als ich ihn von weitem kommen sah, lief ich ihm entgegen, da gerade Mittagspause war. Diesmal hatte er tatsächlich einen Brief für mich, von Mutter und Jaffa. Der Brief war voller Andeutungen und Hinweise auf die schrecklichen Vorgänge im Ghetto, berichtete von Aktionen und Willkürakten – Hoffnung auf Rettung bestand nicht mehr. Ich drückte ihn an mein Herz und betete, daß es mir nur einmal noch vergönnt sein möge, meinen Kopf auf Mutters Knie zu legen und zu weinen ...

Ich las den Brief immer wieder, bevor ich ihn zu den anderen Briefen in meinen Koffer legte.

In der Küche gab es nichts Neues. Die Arbeiter aßen ihr Abendbrot, und die Männer kniffen die Mädchen bei jeder sich bietenden Gelegenheit in den Hintern. Viel Geschwätz, Tratsch und dumme Witze. Ich kam als eine der letzten in den Eßraum und wurde von den Arbeitern, die noch dasaßen, herzlich begrüßt. Ich hatte mir tatsächlich bei ihnen soviel Achtung verschafft, daß sie mich nicht belästigten.

Sofie, die geschäftig mit den Kochtöpfen hin- und herlief, fragte mich: »Warum kommst du so spät zum Abendbrot? Jean Pierre hat auf dich gewartet. Weißt du nicht, daß er dich liebt?« Das verkündete sie fast feierlich. »Er hat sich mit lauter fadenscheinigen Ausreden in der Küche herumgedrückt, und jedes Mal, wenn die Küchentür aufging, hat er den Kopf gedreht, um zu sehen, ob du es nicht endlich bist.« Ich lachte und bemühte mich, unbefangen zu wirken. Aber Sofie ließ nicht von ihrem Thema ab. »Er will sich heute abend mit dir treffen«, sagte sie geheimnistuerisch. »Nein, Sofie«, antwortete ich ihr, »ich kann mich nicht in kleine Männer verlieben.« Und ich fuhr fort, mit den andern zu lachen und über die Leute von Steinkeller zu klatschen.

Während ich gerade das Fressen für den Hund Lian zubereitete, rief mich Fräulein Hase, die Gutssekretärin, zu sich ins Büro. Ich sollte ein Formular für das Arbeitsamt unterschreiben. Ich begann sofort zu zittern und suchte nach einer Erklärung, warum ich das tun sollte. Auf dem Tisch im Büro lag das Formular und daneben mein Überweisungsschein aus der Ukraine nach Deutschland. Ich las hastig, was auf dem Formular stand, aber es waren zum Glück nur Einzelheiten, die meinen Arbeitseinsatz betrafen, und so unterschrieb ich ukrainisch.

Fräulein Hase fragte mich: »Wie fühlst du dich hier bei uns?« Ich begnügte mich mit einem etwas dünnen: »Naja, so, so.« Die Sekretärin sagte: »Frau Pauli hat dich sehr gern.« – »Und ich bin ganz zufrieden hier, nur muß ich, seitdem Lenel fort ist, doppelt schwere Arbeit tun.« »Da hast du recht«, pflichtete mir die Sekretärin bei, »aber sei unbesorgt, Frau Pauli macht sich schon Gedanken, wie sie einen Ersatz für Lenel bekommen könnte, und wie es scheint, wird sie bald eine Lösung finden.«

Sie beendete das Gespräch, indem sie mir freundlich zulächelte.

Fräulein Hase, eine Deutsche, stammte wie Günter Pauli aus Berlin. In den vielen Klatschgeschichten, die Sofie und die Leute von Steinkeller zu erzählen wußten, ging es immer wieder um ihre Liebesgeschichte mit Pierre, einem französischen Kriegsgefangenen. Frau Pauli, der ihre Sekretärin leid tat, weil sie von einer schweren Krankheit ein gelähmtes Bein zurückbehalten hatte, sollte sogar heimlich diese Beziehung gefördert haben. Doch nach einem Jahr wurde der Gestapo hinterbracht, daß auf Steinkeller eine Affäre zwischen einem französischen Kriegsgefangenen und einer deutschen Sekretärin bestand. Und nur dank seiner Position in der SS war es Günter Pauli gelungen, die Sekretärin zu schützen. Die Angelegenheit endete damit, daß Pierre weggebracht wurde.

Auf dem Korridor begegnete ich Frau Pauli: »Ich fahre nach Salzburg und komme erst morgen wieder, auf Wiedersehen!«

Sie machte einen sehr unruhigen Eindruck, ich merkte, daß irgend etwas sie stark beschäftigte. An der Eingangstür hielt sie Ausschau nach ihrer Kutsche. Ich hörte den französischen Kriegsgefangenen Josef sagen: »Bitte sehr, Madame!« Dann rollte der Wagen davon.

Ich vermutete, daß sie auch diese Reise unternahm, um eine zeitweilige Beurlaubung ihres Mannes vom Militärdienst zu erreichen. Ich wünschte mir sehr, das möge nicht gelingen und Günter Pauli an der Ostfront bleiben.

Starker Regen weckte mich einige Male aus meinem unruhigen Schlaf. Am Morgen hörte der Regen auf, aber der Schlamm überall war fürchterlich.

Ich hatte gerade alle Kinderschuhe geputzt und wollte sie ins Kinderzimmer bringen, da sah ich, daß Frau Paulis Mantel und Regenschirm wieder im Flur hingen. Mit den Schuhen im Arm ging ich in das Kinderzimmer, die Kinder waren alle schon wach. Die siebenjährige Elke reichte ihrem Bruder Günter Bauklötze, der daraus einen Turm baute. Der kleine Claus versuchte immer wieder, ihn umzuwerfen. Frauke nickte voller Bewunderung mit dem Kopf, wenn es doch gelang, die Klötze höher aufzutürmen, dabei tanzten ihre Locken anmutig nach allen Seiten. Frauke umarmte mich und rief voller Freude: »Anuschka, stimmt es, daß du heute mit uns spielst?«

Die Tür ging auf, und Frau Pauli kam lächelnd herein und sagte: »Großartig, Anuschka, daß du so früh zu den Kindern gegangen bist. Berta ist schnell zum Bahnhof gelaufen, um ein Telegramm abzuholen, ihr Mann ist an der Front verwundet worden. Bis sie zurückkommt, paßt du auf die Kinder auf.«

Vier Paar Kinderaugen starrten mich fragend und erwartungsvoll an. Ich arbeitete nicht gern im Wohnhaus, weil ich dort immer fürchtete, mich irgendwie zu verraten. Da ich aber keine andere Wahl hatte, fügte ich mich.

Die Nachricht von einer baldigen Rückkehr Günter Paulis ging von Mund zu Mund. Frau Pauli war in sehr guter Stimmung, immer wieder kam sie ins Kinderzimmer und äußerte sich zufrieden über die Art, wie ich mit den Kindern umging. Oft sagte sie: »Wenn Berta nicht wiederkommt, wirst du als Kindermädchen bei den Kindern bleiben.« Ich wandte vergeblich ein, daß meine Deutschkenntnisse doch zur Erziehung der Kinder nicht ausreichten. Doch Frau Pauli nahm meine Ausreden überhaupt nicht zur Kenntnis. Mit ihrem berühmten Lächeln und mit Lobreden über mich machte sie alle meine Einwände zunichte.

Ich konnte mich nur schwer mit dem Gedanken abfinden, die Kinder eines SS-Offiziers betreuen zu müssen. Das Bild der SS-Mütze, die ich im Schrank gesehen hatte, kam mir immer wieder vor Augen, wenn ich daran dachte.

Nach einer Woche kehrte Berta nach Steinkeller zurück. Sie beriet sich lange mit Frau Pauli. Bisher hatte mich noch niemand im Haus nach meiner neuen Arbeit gefragt, aber als ich an diesem Morgen das Frühstück für die Kinder aus der Küche holte, hörte ich von Sofie, Berta wolle von Steinkeller weggehen.

»Du, Anuschka, sollst künftig in der Nähe der Kinder wohnen, aber sage doch Frau Pauli, daß du lieber mit mir zusammenbleiben möchtest«, bat mich Sofie. »Natürlich«, erwiderte ich, »doch du weißt ja selbst, Frau Pauli kümmert sich nicht um unsere Wünsche, wenn sie davon keinen Nutzen hat.«

Gegen Mitternacht hörte man das Pferdegetrappel einer Droschke. Ich wußte: Jetzt war Günter Pauli nach Hause gekommen. Von nun an mußte ich mich darauf einstellen, daß ein neuer, gefährlicher Feind im Hause war.

Der Morgen war kühl. Sofie wachte erst gerade in dem Augenblick auf, als ich aus dem Zimmer gehen wollte. »Warum so eilig, Anuschka?« fragte sie. »Es ist kalt heute, ich will die Zimmer heizen«, antwortete ich.

Das Holz zum Heizen mußte ich vom alten Iwan holen, einem siebzigjährigen Ukrainer, der geistig verwirrt und fast taub war. Jedesmal, wenn er mich traf, machte er eine so tiefe Verbeugung vor mir, als ob ich Zar Nikolaus wäre.

An diesem Morgen hatte er mir besonders trockenes Holz ausgesucht und half mir beim Beladen und Ziehen des Wagens. Er war immer glücklich, wenn er mir einen Dienst erweisen konnte, denn er war mir dankbar. Frau Pauli hatte ihn eigentlich wieder in die Ukraine zurückschicken wollen, aber als ich mich als Dolmetscherin und Vermittlerin für ihn eingesetzt hatte, durfte er bleiben.

Im großen Wohnhaus herrschte noch Ruhe. Am Hauseingang stapelten sich viele Kisten, Koffer und Pakete. Ich überlegte, ob das vielleicht auch geraubter jüdischer Besitz war, den er mitgebracht hatte? So wie auch das Gut hier Juden weggenommen worden war? Berta unterbrach meine Gedanken: »Guten Morgen, Anuschka, wie kommst du mit den Kindern zurecht?« – »Ausgezeichnet! – Aber heute werde ich natürlich wieder meine übliche Putzerei machen – oder nicht?« –

»Das überlaß nur Frau Pauli«, sagte sie. Ich nahm die vier Paar Kinderschuhe und überlegte, was hinter Bertas Worten stecken mochte.

Zum Schuheputzen diente eine niedrige Kommode im Korridor, gegenüber der Schlafzimmertür von Frau Pauli. Ich bürstete gerade die Kinderschuhe, als die Tür aufging. Heraus kam mit arroganter Lässigkeit und dem typischen Gehabe des nazistischen Herrenmenschen der Hausherr auf Gut Steinkeller, Günter Pauli. Er war nicht in Uniform, sondern trug grüne Filzhosen, ein weißes Hemd und eine Trachtenjacke. Ich sah ihn zum ersten Mal. Er war groß und schlank, hatte blonde Haare, hellblaue Augen, dünne Lippen und einen schwer zu beschreibenden brutalen Zug im Gesicht, der haargenau zu der SS-Mütze paßte, die ich im Kleiderschrank gesehen hatte.

Er erwiderte meinen Gruß mit einem herablassenden »Guten Morgen«.

Ich hörte die Stimme von Frau Pauli, da stand sie schon neben mir, selbstzufrieden und wie immer lächelnd. Sie sagte: »Wunderbar, daß du für Heizung im Haus gesorgt hast, es ist doch schon sehr kalt geworden. Mein Mann und ich werden jetzt viel im Salon sitzen. Übrigens, Anuschka, du sollst uns heute das Mittagessen im Speisezimmer servieren, weil Lenel nicht mehr da ist. Künftig sollst du ihre Stelle im Haus einnehmen.«

Ich versuchte, mich vor dieser Arbeit zu drücken. »Bei uns in der Ukraine habe ich das Servieren nicht gelernt, und außerdem verwechsle ich immer rechts und links.« Frau Pauli lachte. »Wenn das so ist, wirst du uns nur das Tablett hereinbringen, und ich werde dann die Portionen selbst austeilen.« Wir mußten über diesen etwas merkwürdigen Kompromiß beide lachen.

Den ganzen Vormittag bereitete ich mich innerlich auf ein weiteres Zusammentreffen mit dem Hausherrn vor. Ich war sehr aufgeregt. Wie sollte ich es ertragen, diesen SS-Offizier dauernd zu sehen? Ich wußte nur, ich würde nicht mit »Heil Hitler« grüßen.

Genau um halb zwei kam ich mit einem Tablett voll erlesener Leckerbissen ins Speisezimmer, und kaum hatte ich den Raum betreten, als Frau Pauli wieder damit begann, meine Arbeit zu loben. Ich setzte das Tablett auf der Anrichte ab, wünschte guten Appetit und verließ den Raum. Ich war erleichtert. Erneut war mir ein Gespräch mit Günter Pauli erspart geblieben. Doch ich mußte mir eingestehen, daß dies auf die Dauer wohl nicht zu verhindern sein würde.

Den »Fremdarbeitern« wurden ihre Bezugsscheine für Bekleidung und Schuhe ausgehändigt, während Frau Pauli die Lebensmittelmarken erhielt. »Anna«, schlug mir Sofie einmal vor, als wir unsere Arbeit beendet hatten, »der Regen hat aufgehört. Wir könnten eigentlich zu Fuß zum Laden gehen.« Es war später Nachmittag und ich war müde, aber ich nahm Sofies Vorschlag trotzdem an.

Wir mußten eine gute Stunde durch den Wald bis St. Martin gehen, doch die zauberhafte Landschaft nahm mir immer ein wenig die gedrückte Stimmung. Der Tannenduft berauschte mich mehr denn je. Irgend etwas von der Stille des halbdunklen Waldes teilte sich mir mit.

Nach einer Weile des Schweigens sagte Sofie plötzlich: »Anna – Schzerbnitzki hat meinen Eltern erzählt, daß er bald von Steinkeller weggeht.« Als ich erstaunt nachfragte, wiederholte sie diese Neuigkeit mit Nachdruck.

Ich hatte mein Zurückschrecken vor einer Freundschaft mit dem vierschrötigen Traktorfahrer immer damit begründet, daß er zu alt für mich sei, und diese Erklärung leuchtete ihr ein. Jetzt hielt ich mich mit weiteren Äußerungen zurück, um mir meine Freude über diese Neuigkeit nicht anmerken zu lassen.

Es dunkelte bereits, als wir den Laden der Familie Meier in St. Martin erreichten. Viele Kunden kamen und gingen, Ortsansässige, aber auch Fremdarbeiter aus von den Deutschen besetzten Gebieten. Alle traten ein mit einem »Grüß Gott«, niemand grüßte hier mit dem »Deutschen Gruß« wie auf dem Gut der Familie Pauli, wo alle Gäste mit »Heil Hitler« empfangen wurden.

Frau Meier, eine Frau von etwa fünfzig Jahren, saß an der Kasse. Sie behandelte alle Kunden freundlich und höflich, kassierte die Rechnungen und nahm die Lebensmittelmarken in Empfang.

»Und wer sind Sie, mein Fräulein«, fragte sie mich. Ich erzählte ihr von meiner Ankunft mit Helene, und wie ich gezwungen worden war, die Arbeitsstelle auf dem Gut Steinkeller anzunehmen. Frau Meier sah mich traurig an und meinte bitter: »Das Arbeitsamt schickt die Arbeitskräfte nicht da hin, wo sie wirklich gebraucht werden. Nur die Familie Pauli erhält alles, was sie haben will.«

Frau Meier ging mit uns durch den ganzen Laden. Ich kaufte mir ein Paar Strümpfe und einen Regenmantel.

Zurück gingen wir auf der Landstraße. Gerade stieg ein junges Mädchen mit einem großen Koffer aus dem Autobus und kam auf uns zu. Sie war ungefähr zwanzig und sehr anmutig. Sie setzte ihren Koffer ab und fragte uns: »Ist das der Weg zum Gut Steinkeller?« – »Ja, wir gehen auch dorthin.«

Sie hieß Hildegard. Während wir zusammen ihren Koffer schleppten, erzählten wir ihr alles, was sie über die Gegend hier und über Steinkeller wissen wollte.

»Zum Glück werde ich nun nicht mehr Tag und Nacht das Krachen von Bomben hören, ich komme aus Düsseldorf. Da ist die Hölle los, aber hier braucht man wohl nicht dauernd in den Luftschutzkeller zu rennen, das ist mir furchbar auf die Nerven gegangen.«

Ich konnte sie nur gar zu gut verstehen, auch ich hoffte auf ein schnelles Ende des Krieges.

Schon bei unserer ersten Begegnung freundeten Hildegard und ich uns an. Sie war ein aufrichtiger, sehr empfindsamer Mensch. Sie sah in mir die verständnisvolle Freundin und brachte mich nicht mit Fragen nach meiner Herkunft in Verlegenheit. Darum gehörte sie für mich bald zu dem kleinen Kreis der Menschen, die für mich keine Gefahr bedeuteten. Oft schüttete sie mir ihr Herz aus und fragte mich um Rat. Und wenn ich sie beruhigte, wurde ich auch selbst ruhiger.

Eines Tages, als ich im Kinderzimmer Strümpfe stopfte, leistete mir Frau Pauli Gesellschaft und erzählte mir die Geschichte ihrer Ehe. »Ich war damals schon 32, mein Mann erst 22, aber total verrückt nach mir. Meine Mutter versuchte, unsere Heirat zu verhindern, und meine ältere Schwester Berta spricht bis heute kein Wort mehr mit mir und meinem Mann. Doch Mutter sah sich schließlich gezwungen, der Hochzeit zuzustimmen, nachdem ich ihr gedroht hatte, ich würde sonst ohne Trauschein mit meinem Mann zusammenleben und Kinder haben.«

In Gedanken versunken sagte sie nach einer Weile: »Sieh

nur, wie unglücklich Fräulein Hase wegen ihrer Körperbehinderung ist! Und doch hat sie schließlich Pierre gefunden, einen französischen Kriegsgefangenen. Ich habe ihr sogar bei der ganzen Affäre geholfen. Und wie ist es mit Berta? Ihre Ehe ist unglücklich. Ihr Mann liegt verwundet im Lazarett, und sie nimmt überhaupt keine Rücksicht auf ihn. Anuschka, wenn Berta für immer weggeht, mußt du mit unseren deutschen Hausangestellten zusammenwohnen – natürlich in einem eigenen Zimmer, denn dann wirst du unser Kindermädchen.«

Schon eine Woche lang goß es in Strömen, und der verhangene Himmel ließ nicht auf besseres Wetter hoffen. Ich hatte meine Arbeit im Hof beendet und wollte in mein Zimmer gehen, da stand plötzlich Günter Pauli vor mir. Er zog einen Brief aus einem Bündel hervor und gab ihn mir mit den Worten: »Der ist für dich.« Ich dankte ihm und ging weiter, ohne mir meine Aufregung anmerken zu lassen. Doch wieder beunruhigte mich die Frage, warum gerade er mir die Post gebracht hatte und ob sich eine Absicht dahinter verbarg.

Erst als ich in meinem Zimmer war, sah ich beim Schein eines Kerzenlichts, daß mir die Handschrift auf dem Brief unbekannt war. Aber dann erkannte ich, Nadja hatte mir geschrieben. Sie mußte meine Adresse gut aufgehoben haben, seit wir uns in Zimmer 8 im Durchgangslager in Krakau getrennt hatten. Wir hatten verabredet, uns nicht zu schreiben, und nun wagte es Nadja, mir einen Brief zu schicken. Er konnte mir wohl auch nicht gefährlich werden, weil sie ukrainisch geschrieben hatte, vier Seiten lang. Sie erzählte von interessanten und gebildeten Freunden, die sie gefunden hatte und mit denen sie viele Stunden verbrachte. Nur über die ungenügende Verpflegung beklagte sie sich bitter.

Ich las Nadjas Brief immer wieder, schließlich legte ich ihn zu meinen anderen Briefen, die ich auch fast jeden Abend wieder las. Das gab mir seelischen Halt. Beim Anblick der vertrauten Buchstaben sah ich alle meine Lieben wieder vor mir, so entstand die Illusion, in Ruhe und Geborgenheit im Kreis der Familie zu sein.

Nach dem Abendbrot erzählte ich Sofie, daß ich einen Brief von meiner ukrainischen Freundin bekommen hätte. »Sie arbeitet in Linz, sie muß nicht so lange arbeiten wie wir, es geht ihr dort recht gut.«

Die ganze Nacht konnte ich nicht schlafen. Ich lag wach in meinem Bett und bemühte mich, Klarheit in das Durcheinander meiner Gedanken zu bringen. Diese neue Verbindung zu Nadja beschäftigte mich sehr. Und die Tatsache, daß sie das Verbot nicht eingehalten, daß sie Kontakt mit mir gesucht hatte, kam mir plötzlich nicht mehr gefährlich vor. Ich konnte mich auch nicht länger beherrschen, sondern setzte mich hin und schrieb auch einen Brief an Nadja, schrieb ihr alles, was mich an Gedanken und Gefühlen seit unserer Trennung bewegt hatte; auch, daß ich genug zu essen bekäme, dafür aber in Gesellschaft ungeliebter Menschen wie der Familie »Polski« leben müsse. Das war ein versteckter Hinweis auf die polnischen Antisemiten und natürlich auf den SS-Offizier im Haus.

Frau Pauli fand eine neue Beschäftigung für mich. »Anuschka, der Boden muß aufgeräumt werden«, sagte sie, »Jean Pierre soll dir helfen, die Kisten nach oben zu schaffen.«

Ich wandte mich an Jean Pierre und bat ihn um Hilfe. »Mademoiselle Anuschka, für Sie gehe ich durch Feuer und Wasser«, sagte er begeistert.

Wir begannen am Nachmittag mit dieser Arbeit, und mir war klar, daß wir mit dem Aufräumen des Bodens bis zum Abend zu tun haben würden. Doch Jean Pierre hatte überhaupt keine Lust zu arbeiten, sondern wollte sich nur mit mir unterhalten. Er sagte: »Die deutschen Truppen haben an allen Fronten schwere Verluste, bald wird der Krieg zu Ende sein, und dann werden wir mit den Deutschen abrechnen. Nicht weit von hier wohnt ein Freund von mir, bei dem kann ich die Sendungen des Schweizer Rundfunks hören.«

Wir hofften beide sehnlichst, daß die Niederlage Nazi-Deutschlands nicht mehr lange auf sich warten lassen würde. Jean Pierre schaffte alle Kisten auf den Boden, dann ging er.

Als ich die größte Kiste geöffnet hatte, begann ich am ganzen Leib zu zittern. Seidenüberzogene Wolldecken, auf denen die aufgedruckten Etiketten jüdischer Firmen in Lodz waren. Warum hatte Frau Pauli ausgerechnet mich beauftragt, dieses geraubte jüdische Gut auszupacken?

Frau Pauli telefonierte wieder. Sie versuchte, eine Verbindung mit Graz herzustellen, um die Freistellung ihres Mannes zu verlängern, natürlich wieder unter dem Vorwand, er werde dringend auf dem Gut gebraucht. Ich hoffte inständig, ihr Vorhaben möge nicht gelingen.

Eines Morgens begegnete mir ein hagerer, blonder junger Mann mit Brille auf dem Korridor. Er grüßte laut mit »Heil Hitler«. Ich lief sofort in die Küche zu Sofie, die immer alle Neuigkeiten als erste erfuhr. Es stellte sich heraus, daß der junge Mann ein Nationalsozialist aus Holland war, der als Hühnerzüchter auf Steinkeller arbeiten wollte.

Frau Pauli hatte keinen Erfolg gehabt, ihren Mann weiterhin vom Frontdienst freizubekommen, darum brachte sie ihn jetzt zum Bahnhof. Beim Frühstück saßen Hildegard und ich in einer Ecke des Eßraums und unterhielten uns, weil wir wußten, daß das Ehepaar Pauli nicht da war. Hildegard nutzte die Gelegenheit, mir ihr Herz auszuschütten: »Anuschka, ich liebe Do (einen französischen Kriegsgefangenen) wahnsinnig, und er erwidert meine Liebe. Ich würde selbst dann nicht von ihm lassen, wenn die Gestapo davon erführe.«

Ich riet ihr, vorsichtig zu sein, ihre Beziehung zu Do und den anderen Kriegsgefangenen nicht leichtfertig zu gefährden und schlug ihr vor, uns einmal im Monat beim Sonntagsdienst abzuwechseln. »Ich möchte meine Freundin Nadja in Linz einmal besuchen«, erklärte ich ihr, »so können wir uns gegenseitig helfen.«

Hildegard war von meinem Vorschlag begeistert und meinte: »Es genügt, wenn wir Frau Pauli unsere Absprache mitteilen. Sie wird sicherlich nichts dagegen haben.«

Ich schrieb Nadja einen Brief, der ihr meinen Besuch in sechs Tagen ankündigte.

Und dann, am Sonntagmittag, als ich mit meiner Arbeit fertig war, verabschiedete ich mich von Frau Pauli und ging bei strömendem Regen zu Fuß die Strecke von mehr als einem Kilometer zum Bahnhof von St. Martin. Auch mein neuer Regenmantel schützte mich nicht genügend vor diesen Wasserfluten. Die Fahrt nach Linz dauerte fast fünf Stunden. Endlich kam der Kontrolleur an unserem Abteil vorbei und rief als nächste Station Linz aus. Ich war sehr aufgeregt. Als ich aus dem Abteil stieg, war es auf dem Bahnsteig schon ganz dunkel. Man merkte, es war Krieg. Meine Gestalt wurde von der leeren Dunkelheit des Bahnsteigs verschluckt. Nur im Wartesaal brannte ein schwaches Licht. Ich ging zögernd darauf zu. Nadja konnte ich nirgendwo entdecken. Während ich noch nach einem Auskunftsschalter suchte, stand sie plötzlich vor mir. Sie hatte sich nur ein bißchen verspätet.

Schweigend gingen wir nebeneinander her und versuchten, uns unsere Wiedersehensfreude nicht anmerken zu lassen, um keine Aufmerksamkeit zu erregen.

Wir gingen ganz langsam den langen Weg vom Bahnhof bis in das Lager, in dem Nadja wohnte, damit wir möglichst viel unterwegs allein besprechen konnten. Vor allem bewegte uns beide die quälende Frage: Was war aus unseren Lieben geworden, wo mochten sie jetzt sein? Was hatte es zu bedeuten, daß wir schon längere Zeit keine Post mehr von ihnen erhalten hatten? Und was erwartete mich noch in Steinkeller, inmitten einer Welt von Feinden? Ich sagte Nadja, daß ich das Schlimmste für unsere Familien befürchtete, und dabei dachte ich an die SS-Mütze im Schrank. Nadja war optimistischer als ich, weil sie von »Fremdarbeitern«, die immer noch aus dem Osten in ihr Lager kamen, günstigere Berichte erhalten hatte.

Ich lernte Nadjas Freundin Mira und ihre tschechischen Freunde Milos und Slawek kennen, und das Taktgefühl und die Höflichkeit der jungen Tschechen beeindruckten mich stark. Unaufhörlich mußte ich sie mit den Leuten auf Steinkeller vergleichen.

Die Stadt Linz begeisterte mich, und Nadja schlug mir vor,

ich solle doch versuchen von Steinkeller wegzukommen, um mir in Linz eine Arbeitsstelle zu suchen. Aber ich hatte keine Hoffnung, daß ein solcher Plan durchführbar sei.

Die Stunde der Rückfahrt kam immer näher. Auf dem Bahnhof verabschiedete ich mich schweren Herzens von Nadja und ihren tschechischen Freunden. Ich hatte das Gefühl, mit meiner Rückkehr nach Steinkeller und den Menschen dort in einen Strudel zu geraten, der den Unglücklichen, den er einmal erfaßt hat, ausweglos in die Tiefe mitreißt.

Es war an einem kalten Wintertag. Die hohen, schneebedeckten Berge umschlossen das Tal von allen Seiten. Auch das Gut Steinkeller lag unter einer dichten Schneedecke verborgen, doch das leuchtende Weiß überall konnte das Dunkel in meinem Herzen nicht aufhellen.

Hildegard und ich mühten uns mit einem großen Holzhaufen für die Heizung ab. Auf der Treppe zum oberen Stockwerk trafen wir ein junges Mädchen mit einem freundlichen Gesicht, das uns fröhlich »Guten Morgen« zurief. Sie packte sofort mit an und half uns beim Tragen. »Ich heiße Nelli«, sagte sie, und während wir das Holz gemeinsam im Kamin aufschichteten, erzählte sie uns, daß sie nach ihrem Schulabschluß hier ihr Pflichtjahr ableisten müsse. Man habe sie hierher geschickt, weil ihre Eltern mit Frau Pauli bekannt seien. »Und du«, fragte sie mich, »bist du dienstverpflichtet?« – »Nein, ich bin freiwillig aus der Ukraine gekommen.«

Nelli sprach österreichischen Dialekt, den ich jedoch ganz gut verstand. So unterhielten wir uns eine ganze Weile, bis plötzlich Frau Pauli, wie immer lächelnd, in der Tür erschien. Sie wandte sich freundlich an mich und sagte: »Anuschka, weise doch Nelli in deine Hausarbeit ein. Sie hat noch nie in einem Haushalt gearbeitet. Du verstehst es am besten, ihr alles zu erklären.«

Ich nahm meinen ganzen Mut zusammen und fragte: »Soll das bedeuten, daß ich Steinkeller bald verlassen kann, wenn Nelli überall Bescheid weiß?«

Frau Pauli warf mir einen wütenden Blick zu, sagte aber freundlich wie bisher: »Nelli ist nicht hierher gekommen, um dich zu ersetzen, sondern als zusätzliche Arbeitskraft. Auf dich, Anuschka, werde ich niemals verzichten.« Und mit einer abrupten Kehrtwendung verließ sie uns.

Ich hatte schon den ganzen Morgen Äpfel gewaschen, die zu Gelee verarbeitet werden sollten, als Hildegard und Sofie zu mir kamen, um mir zu helfen. Das Schälen, Schneiden und Kochen von einem Zentner Äpfel zog sich bis zum Einbruch der Dunkelheit hin. Kurz bevor wir mit dem Kochen des Gelees fertig waren, erschien Frau Pauli und hinter ihr Do, der französische Kriegsgefangene, der einen großen Korb mit Äpfeln trug. Ich erschrak, meine Hände waren schon ganz steif, es war wirklich genug Arbeit gewesen. Hildegard wechselte einen liebevollen Blick mit Do, sie bemerkte den Korb gar nicht, den er trug. Doch Frau Pauli flötete: »Mädchen, diese Äpfel sind für Euch.« Ich war erleichtert.

Als ich am Abend mit vollem Mund meine Äpfel kaute, dachte ich daran, wie sehr Nadja solche Äpfel entbehren mußte und welche Freude ich ihr damit machen würde. Ich schrieb ihr also, daß sie bald kommen müsse, wenn sie mich auch einmal besuchen wolle, der Hausherr sei nicht da.

Es kamen frostklare Tage. Das Weihnachtsfest lag noch fern, aber Vorbereitungen dafür wurden schon getroffen. Die Arbeiter erhielten zusätzliche Bezugsscheine für Kleidung, und ich hörte, wie Frau Pauli Max bat, genügend Fleisch- und Räucherwaren vorzubereiten, damit am Heiligen Abend auch die Kriegsgefangenen etwas davon bekommen könnten. Sofie und ich gingen in den Laden der Familie Meier nach St. Martin und kauften Wollschals. Zu unserem Pech trafen wir dort unseren Schzerbnitzki. Der Traktorfahrer lauerte uns am Ausgang auf, grinste und fragte mit gespielter Höflichkeit: »Na, ihr Mädchen, war der Kauf erfolgreich?«

Sofie stampfte mit dem Fuß auf und schrie ihn an: »Hau ab, laß uns in Frieden!« Schzerbnitzki ließ sich jedoch nicht abweisen, er versuchte es nun mit übertriebener Höflichkeit bei mir. Aber ich gab ihm auf alle Fragen nur kurze, unverbindliche Antworten. Als wir an einer katholischen Kirche vorbeikamen, bemerkte ich so nebenbei: »Schade, daß es hier keine russisch-orthodoxe Kirche gibt.« Er sagte: »Ich hoffe, ich bin nächstes Jahr zu Weihnachten nicht mehr hier. Ich gehe bald nach Leoben.« Ich blieb stehen (mit einem Seufzer der Erleichterung) und sagte: »Du mußt Gott auf Knien danken, wenn dich Frau Pauli gehen läßt.« – »Wenn wenigstens das Essen gut wäre«, fuhr er fort, »aber kein gutes Essen, keine Weiber, kein Vergnügen! Warum soll ich da bleiben?«

Am frühen Morgen kam ein Anruf von Günter Pauli, der wieder auf dem Weg an die russische Front war. Ich ging mit doppelter Kraft an meine Arbeit, doch Frau Pauli geriet in Wut, die sie an Sofie ausließ: Es würden zuviel Fett und Eier verschwendet, die Wäsche sei nicht sauber und nicht gut gebügelt.

Mit mir sprach sie kein Wort. An diesem Morgen war ihr sogar das Lächeln vergangen.

Um die Mittagszeit kam wie gewöhnlich der nette alte Briefträger. Ich lief ihm entgegen, und ich hatte Glück. »Osimok, nicht?« fragte er. Ich sagte lächelnd: »Ja!«

Er zog ein großes Kuvert aus seiner Posttasche: »Das ist für dich!«

Nadja wollte kommen! Am Samstagabend mit dem 10-Uhr-Zug! Sofort lief ich in die Speisekammer, um für das Wochenende alles zu hamstern, was Nadja in der Stadt entbehren mußte. Sofie erzählte ich gleich, daß meine ukrainische Freundin aus Linz mich besuchen wolle und fragte: »Kann sie nachts hier schlafen, ist dir das recht, Sofie?« – »Aber natürlich, ich kann in dieser Nacht auch bei meinen Eltern schlafen. Warum sollt ihr euch zusammendrängen. Ihr könnt mein Bett haben.«

Hildegard und Nelli waren auch gleich bereit, meine Arbeit am Sonntag mit zu übernehmen, so mußte ich nur noch Frau Pauli fragen.

Nach dem Abendessen kam sie wie gewöhnlich zu Sofie in

die Küche, um mit ihr das Essen für den nächsten Tag zu besprechen. Ich wartete ab, wie ihre Stimmung war, sie schien noch deprimiert zu sein, war aber viel ruhiger. Sie hatte nichts gegen Nadjas Besuch einzuwenden.

Schnee fiel, aber am Nachmittag klarte es auf – wie Nadja zuliebe.

Gegen neun Uhr ging ich zum Bahnhof. Ich nahm mir Zeit, um erst beim Eintreffen des Zuges am Bahnhof zu sein. Ich wollte nicht allein auf dem Bahnsteig stehen. Ich konnte dort Ukrainer, Polen, aber auch Gestapobeamte vorfinden. Ich wollte keine Gespräche führen.

Es war Vollmond. Die Straße, die durch den Wald führte, war wie verzaubert zur Kulisse eines alten Märchens. Ich ging ganz langsam und träumte vor mich hin von der neuen Welt, die ich nach dem Ende des Krieges bauen wollte.

Der Bahnsteig war menschenleer, nur ein Bahnarbeiter, den ich schon kannte, war zu sehen. Er grüßte mich mit »Grüß Gott«, und bevor ich noch seinen Gruß erwidern konnte, lief schon der Zug pfeifend ein. Nadja stieg aus dem Zug, wir grüßten uns kaum, umarmten uns nicht, gaben uns keinen Freundschaftskuß. Wir blickten uns nur an und gingen schweigend nebeneinander her. Erst nachdem wir uns überzeugt hatten, daß niemand uns beobachtete, sprachen wir erregt miteinander. Auch jetzt gingen wir ganz langsam, um die wichtigsten Dinge schon unterwegs besprechen zu können. Ich erzählte Nadja von meinen Erlebnissen, vor allem von den vielen Äußerungen, die mich fürchten ließen, man habe Verdacht geschöpft, ich sei keine echte Ukrainerin, von Schzerbnitzki, von Sofies Bemerkung, Juden tränken keine Milch, von anderen Andeutungen. Erst nach Mitternacht kamen wir auf dem Gut an und gingen leise in mein Zimmer hinauf. Nadja stand entzückt vor dem gedeckten Tisch mit all den Köstlichkeiten, die sie seit langem entbehrt hatte. Sie konnte sich einfach nicht vorstellen, daß ich in diesen Kriegszeiten noch soviel zu essen bekam. »Jeden Tag solche großen Äpfel?« fragte sie und biß in den größten.

Ich holte die Briefe aus meinem Koffer hervor, las Nadja alle vor und erzählte ihr, daß sie meine einzige Lektüre wären, daß ich sie jeden Abend wieder läse, um doch so mit meiner Familie in Verbindung zu bleiben.

Am nächsten Morgen lief ich schnell in die Küche und brachte unser Frühstück auf einem Tablett nach oben. Dann schlug ich vor, einen Spaziergang in Richtung St. Martin zu machen, und wenn wir jemand träfen, würden wir sagen, wir gingen in die Kirche.

Nach einer Weile machten wir uns auf den Weg. Wir überquerten den menschenleeren Hof und gingen den Abhang hinunter, der zur Hauptstraße führte. Wir hatten keine Eile und betrachteten die herrliche Landschaft, als plötzlich kurz vor uns die massige Gestalt von Schzerbnitzki auftauchte. Sofort flüsterte ich Nadja zu: »Geh weiter, ohne dich umzudrehen. Wir wollen etwas schneller gehen!« Schzerbnitzki hatte uns anscheinend nicht gesehen, bald war er wieder verschwunden.

Ich fragte Nadja: »Meinst du, daß Schzerbnitzki und die Leute auf dem Gut mich immer noch mit den anderen Ukrainerinnen vergleichen?« – – –

Nadja tat es sehr leid, daß Steinkeller so weit von Linz entfernt war. Sie konnte gar nicht aufhören, die zauberhafte Landschaft zu bewundern, in der sich unsere innere Spannung zu lösen begann.

Erst zur Mittagszeit kehrten wir wieder auf das Gut zurück. Nadja stieg sofort zu meinem Zimmer hinauf, während ich uns das Mittagessen holte und ihr auf einem Tablett servierte. Nadja fragte, ob es denn kein Aufsehen erregen würde, wenn wir nicht mit den andern in der Küche äßen.

Ich konnte sie aber beruhigen, als ich ihr erklärte, daß es bei allen Arbeitern üblich sei, ihre Gäste am Sonntag mit auf ihre Zimmer zu nehmen. So gäbe es auch keine Probleme mit dem Geschirrspülen.

Nadja verdrückte in kurzer Zeit heißhungrig ihr Mittagessen und sagte vergnügt: »Das ist wirklich eine Gelegenheit, sich wieder einmal richtig sattzuessen.«

Das Geschirrspülen verschob ich auf später, damit wir jede Minute zu Gesprächen nutzen konnten.

Nadja erzählte mir aus dem Lager in Linz. Es kamen immer noch neue Gruppen aus dem Osten, und die neuen wurden gewöhnlich ausgefragt. Sie wußten Schreckliches über die Liquidierung der Ghettos zu erzählen. Es gäbe fast keine Juden mehr auf den Straßen, man habe sie alle in Konzentrationslagern zusammengetrieben.

»Anuschka!« rief Nadja mit großer Verzweiflung aus. »Unsere Lage ist furchtbar, und wenn ich diesen Krieg überleben sollte, will ich nicht mehr zum Judentum zurückkehren.«

Diese Worte schmerzten mich sehr. Ich spürte, die Welt, aus der wir beide kamen, würde nie wieder erstehen, selbst wenn wir beide überlebten. Klammerten wir uns nicht an Strohhalme? Wir spürten plötzlich das starke Verlangen, uns die Namen unserer Lieben zuzurufen, zu ihrem Gedenken: »Mein Vater – Jaakow, meine Mutter – Sara, meine Schwestern – Jaffa und Rosa!« rief ich. Auch Nadja rief die Namen ihrer Eltern und Geschwister, die wir dann tief im Herzen verschlossen.

Nadja sagte feierlich: »Wir müssen all unsere Kraft und Seelenstärke im Kampf um unser Leben zusammennehmen, damit wir den Zusammenbruch des Naziregimes erleben.«

Ich sagte: »Und dann werden wir nach Erez Israel gehen. Wir werden das Vaterland des jüdischen Volkes wiederaufbauen. Das allein kann uns die Sicherheit dafür geben, daß das schreckliche Unrecht an unserem Volk nie vergessen wird.«

Die Stunde des Abschieds war gekommen. Ich begleitete Nadja zum Bahnhof. Es war noch früh am Nachmittag. Und wie an jedem Sonntag waren viele Menschen auf dem Weg, die uns alle grüßten, auch neugierig begafften, besonders Nadja mit prüfenden Blicken musterten. Am Bahnhof trennten wir uns. Es ging alles sehr schnell, ich konnte ihr gerade noch zurufen: »Schreib mir, bitte!«

Niedergeschlagen machte ich mich auf den Heimweg. Nicht einmal die Schönheit der Natur, die mich so oft schon von meinem Kummer abgelenkt hatte, konnte mich heute aus meinen trüben Gedanken reißen. Doch ich vergaß nicht, ein unbekümmertes Gesicht aufzusetzen, als an einer Wegkreuzung die Familie Lewandowski auftauchte. Ich blieb stehen und erzählte vom Besuch meiner Freundin aus Linz, die alles aufgegessen hätte, was ich ihr anbot . . . »In der Stadt fehlt es sogar an Brot«, sagte ich, »wenn man bedenkt, daß es in der Ukraine Getreide in Hülle und Fülle gibt . . .«

Als ich in meinem Zimmer war, sah ich erleichtert, daß Sofie noch nicht zu Hause war. Ich war froh, noch allein zu sein. Als Sofie schließlich kam, fragte sie nach meiner Freundin aus Linz und ich erzählte, sie sei schon wieder fort. Sofie wußte zu berichten, daß die französischen Kriegsgefangenen eine Unmenge Pakete aus ihrer Heimat bekommen hätten, vor allem viel Schokolade. Jean Pierre ließ mir ausrichten, er wolle mir gern Schokolade schenken, aber nicht durch Sofie, er bringe sie mir selbst.

Am nächsten Morgen mußte ich in die Küche, um Streichhölzer zum Anzünden des Kamins zu holen. Ich vermied es sonst, den Eßraum zu betreten, wenn die ausländischen Arbeiter dort frühstückten. Schzerbnitzki sah mich sofort und rief mir zu: »Fräulein Anna, gestern habe ich dich gesehen, als du mit deiner Freundin spazieren gegangen bist. Ich versuchte noch, euch einzuholen, aber plötzlich wart ihr verschwunden. Deine Freundin aus der Stadt ist verdammt elegant.«

Ohne zu antworten ging ich aus der Küche und stieg ins obere Stockwerk. Oben auf der Treppe traf ich Frau Pauli. »Guten Morgen, wie war der Besuch?« fragte sie. »Vielen Dank, Frau Pauli, ich wollte Ihnen meine Freundin eigentlich vorstellen, aber ich fand Sie nirgendwo im Haus, und in Ihrem Zimmer wollte ich Sie nicht stören.« – »Gestern Abend habe ich die Abrechnungen mit Schzerbnitzki gemacht«, erklärte Frau Pauli, »er verläßt uns, er erzählte mir, daß er euch beim Spazierengehen gesehen hat. Er meinte, deine Freundin habe viel Ähnlichkeit mit einer Jüdin.«

Ich spürte mein Herz klopfen, bewahrte aber meine Fassung und sagte mit gespielter Wut: »Dieser dreckige Pole! Wie kann er so etwas sagen! Er ist ein alter widerlicher Schürzenjäger. Sofie hatte ständig Streit mit ihm. Jetzt will er mir etwas anhängen, dieser gräßliche Kerl!« Damit wollte ich mich wieder meiner Arbeit zuwenden, aber für Frau Pauli war das Gespräch noch nicht beendet. Sie versuchte, mir zu erklären, der Traktorfahrer habe nicht gesagt, Nadja sei eine Jüdin, sondern sie sähe wie eine Jüdin aus.

Während ich weiterarbeitete, versuchte ich, mir den ganzen Vorfall noch einmal durch den Kopf gehen zu lassen und Konsequenzen daraus zu ziehen. Klar war mir nur eins: Ich mußte Kaltblütigkeit bewahren, durfte mir nicht anmerken lassen, daß mich solche Reden aufregten. Ausgeglichen und ruhig mußte ich wirken, höchste, nie nachlassende Wachsamkeit bewahren.

Am Abend lief ich in mein Zimmer, um Nadja zu schreiben, was nach ihrem Besuch geschehen war, ich schrieb aber nur kurz und in Andeutungen. Dann kam Sofie voller Wut über Frau Pauli. Während ich sie noch zu beruhigen suchte, klopfte es. Draußen stand Schzerbnitzki. »Ich komme, um mich von Euch zu verabschieden«, sagte er, »ich fahre nach Leoben, und wir werden uns nicht wiedersehen.«

»Gute Reise!« sagte Sofie, »versuche dort dein Glück bei reiferen Frauen!«

Sieben Uhr morgens. Ich erwachte schweißgebadet und müde aus unruhigem Schlaf. Im Traum hatte Frau Pauli gelächelt und mir erklärt, Nadja sähe aus wie eine Jüdin.

Draußen regnete es, und es war schon empfindlich kalt. Sofie und ich rannten, uns gemeinsam unter einen Regenmantel duckend, zum Gartenhaus, wo die französischen Kriegsgefangenen untergebracht waren. Drinnen hörte man Jean Pierre, der eine schöne Stimme hatte, eine Melodie aus »Madame Butterfly« singen. Er begrüßte uns mit einem fröhlichen »Bon jour«. Sofie ging schnell in die Küche, Jean Pierre hielt mich auf und sagte: »Mademoiselle Anna, ich möchte mich am Abend mit Ihnen treffen. Ich werde zu Ihnen kommen, ich muß noch heute mit Ihnen sprechen. Au revoir!«

Und wieder spürte ich den bekannten Stich im Herzen. War etwas geschehen? Oder war es doch nur ein Vorwand, um ein Rendez-vous mit mir zu verabreden, da der Feldwebel Schubert Urlaub hatte und niemand das Kommen und Gehen der Kriegsgefangenen kontrollierte? Doch der Ton, in dem Jean Pierre gesprochen hatte, und sein ernster Blick ließen mich annehmen, daß es doch etwas anderes sein müsse als nur ein Rendez-vous.

Der Tag zog sich endlos hin. Die Kinder mußten bei Regenwetter wie gewöhnlich im Zimmer bleiben. Ich konnte mich nur schwer auf meine Arbeit konzentrieren. Die Kinder bettelten, ich solle heute mit ihnen spielen, und ich versprach ihnen, das zu tun, wenn ich mit meiner Arbeit fertig sei.

Das Kindermädchen spielte kaum mit ihnen. Seit meiner Zeit im Pädagogischen Studienseminar hatte ich ein besonders gutes Verhältnis zu Kindern, auch diese Kinder hatten natürlich längst gemerkt, daß es mir Spaß machte, mir mit ihnen Spiele auszudenken. Den kleinen Günter mochte ich nicht so gern, vielleicht nur, weil mich sein Name immer an seinen Vater erinnerte und an dessen Ideologie! Aber die anderen drei waren sehr lieb und ganz unbefangen. Frau Pauli kam plötzlich ins Zimmer und sagte: »Ich wundere mich, Anuschka. Wenn Berta bei den Kindern ist, hört man ständig nur Geschrei. Und wenn du bei ihnen bist, hat man das Gefühl, daß gar keine Kinder im Haus sind. Es ist wirklich erstaunlich!« Die fünfjährige Frauke sagte zu ihrer Mutter: »Mami, nimm uns Anuschka bitte nicht weg!« – »Nein, mein Kleines, das werde ich auch nicht tun.« So spielte ich mit den Kindern, während mich die Ungewißheit quälte, was Jean Pierre mir sagen würde.

Gegen acht Uhr war der Regen noch stärker geworden. Ich wartete in meinem Zimmer, aber Jean Pierre kam nicht. Ich war in großer Unruhe. Wenn Sofie zuerst käme, könnten wir nicht sprechen. Und bei diesem Regen konnte ich ihm nicht gut vorschlagen, einen Spaziergang in der kühlen Abendluft zu machen.

Endlich – ein zögerndes Klopfen an der Tür. Ich öffnete. Da stand Jean Pierre. Sein Haar war ganz naß, Regentropfen rannen ihm übers Gesicht. Er trat ein, reichte mir eine Schachtel Schokolade und sagte: »Statt Blumen.«

Ich bot ihm von den besonders wohlschmeckenden Äpfeln an. Jean Pierre sagte: »Die französische Schokolade schmeckt viel besser als die deutsche.« Ich lächelte zustimmend. Wir ließen sie uns schmecken.

»Mademoiselle«, sagte Jean Pierre in vorwurfsvollem Ton, »ich verehre Sie, ich habe Sie sehr gern. Aber Sie beachten mich gar nicht.« Ein wenig verlegen antwortete ich: »Sie sind ein netter, kultivierter Mensch. Ich achte Sie so, wie Sie sind. Aber ich bin noch viel zu jung, um hier eine Liebesromanze zu haben. Ich will mich nicht verlieben!« – »Verstehen Sie mich bitte nicht falsch! Ich möchte Ihnen etwas erzählen. Ich bin nicht zu Ihnen gekommen, um über Liebe zu sprechen. Gestern habe ich mit Janek zusammen gearbeitet, mit Sofies Bruder, und da haben wir viel über die Mädchen hier auf dem verfluchten Gut gesprochen. Als dabei auch Ihr Name fiel, sagte Janek: »Anuschka ist keine Ukrainerin . . .«

Ich erschrak sehr, reagierte aber nicht. So fuhr er fort: »Anuschka, wenn ich Ihnen helfen kann, ich habe hier einen französischen Freund, seine Frau ist Österreicherin, sie wohnen nicht weit von hier, auch sie wären jederzeit bereit, Ihnen zu helfen. Ich habe bei meinen Freunden im Schweizer Rundfunk gehört, daß die deutschen Truppen in Afrika und in Rußland geschlagen werden. Die alliierten Streitkräfte unternehmen große Anstrengungen, Hitlers Macht in Europa zu brechen. Für Sie ist es jetzt wichtig, daß Sie nicht in die Hände der Gestapo fallen.«

Ich schwieg wie versteinert. Dann sagte ich: »Jean Pierre, ich danke Ihnen herzlich für Ihr Vertrauen. Ich werde gegen die Nazis kämpfen wie Sie, damit ich nicht eines Tages in ihre

Hände falle. Aber nicht Hitler wird bestimmen, ob ich ein Recht zu leben habe.«

Jean Pierre fragte: »Wo arbeitet Ihre Freundin?«

»In Linz«, antwortete ich, »wenn ich nur auch nach Linz gehen könnte!«

Erst jetzt wurde mir langsam klar, daß Nadjas Besuch diesen neuen Verdacht ausgelöst hatte.

Wir sprachen dann noch über unsere Hoffnung auf einen Sieg über die Nazis, über die Vergeltung an Deutschland nach dem Krieg. Bevor Jean Pierre ging, wiederholte er noch einmal eindringlich: »Denken Sie daran, Anuschka, Sie können sich immer an mich wenden, wenn Sie Hilfe oder einen Rat brauchen.«

Ich konnte ihn nur dankbar ansehen, er verließ schnell das Zimmer. Ich schloß die Tür hinter ihm, holte Nadjas Brief aus meinem Koffer und verbrannte ihn im Ofen.

Bald darauf kam Sofie. »Rate, wer da war!« sagte ich leichthin. »Wer anders als Jean Pierre – er hat sicher auch gemerkt, daß du in ihn verliebt bist.«

Ich bot ihr von der Schokolade an und spielte das kleine Mädchen, das sich in einen Franzosen verliebt hatte.

Weihnachten näherte sich. Im Eßraum stand schon ein Tannenbaum, und Nelli war ganz vertieft dabei, ihn zu schmükken. Ich versuchte von denen, die im vorigen Jahr schon dabei gewesen waren, zu erfahren, wie die weihnachtliche Zeremonie hier vor sich gehen würde. Ich durfte doch keinen Fehler machen. Ich bekam heraus, daß es bisher bei der Weihnachtsfeier, die Frau Pauli für die Arbeiter im Eßraum veranstaltet hatte, keine christliche Andacht gegeben hatte. Das beruhigte mich.

Nachmittags mußten Hildegard und ich Schnee schaufeln. Wir nutzten die Gelegenheit und machten eine fröhliche Schneeballschlacht. Mitten in diesem Spiel unterbrach uns der alte Briefträger. »Grüß Gott, Fräulein – ich habe hier einen Brief für Osimok.« Ich nahm den Brief, steckte ihn rasch in die

Tasche und holte in der Küche einen Teller heiße Suppe für den Briefträger. »Guten Appetit!« – »Danke, Fräulein Osimok!«

Ich lief in mein Zimmer, um den Brief zu lesen. Nadja schrieb, daß sie nicht mehr im Lager wohne, sondern bei einem kinderlosen Ehepaar in Linz – vielleicht war das Leben im Lager doch zu gefährlich geworden? Glücklicherweise hatte sie einen Weg gefunden, herauszukommen.

Sie versuchte, mich zu beruhigen. Sie hielt meine Angst um unsere Sicherheit für übertrieben. Aber das tröstete mich gar nicht. Ich wußte, schon ein Verdacht oder eine Denunziation konnten ausreichen, um uns zu verhaften, auch wenn es gar keine handfesten Beweise gab. Nadja beurteilte unsere Lage nicht richtig. Mir war klar, daß wir uns vorerst nicht wieder treffen durften. Ich mußte ihr sofort antworten und die letzten Tage schildern.

Gegen Abend zogen alle ihre Feiertagskleidung an. Ich flocht mir zwei Zöpfe und band sie um den Kopf, wie es die Ukrainerinnen auf Steinkeller machten.

Weihnachtliche Stimmung herrschte im ganzen Haus. Ein zweiter Tannenbaum, prächtig geschmückt, stand am Eingang zum unteren Flur. Auf langen Tischen lagen Dutzende von Umschlägen mit den Namen der Arbeiter, ihr Geschenk war ein Geldbetrag. Frau Pauli erklärte Sofie, daß nur die deutschen Arbeiter um den Baum herumstehen, die anderen im Eßraum sitzen sollten, aber alle könnten natürlich »Stille Nacht, Heilige Nacht« mitsingen.

Dann gab es ein sehr reichhaltiges Abendessen, Fleisch und Pasteten, die Sofie vorbereitet hatte. Ich fragte Sofie, als wir mit dem Essen fertig waren, ob das das ganze Fest sei. »Nein«, sagte sie, »die Franzosen veranstalten in ihrer Unterkunft eine echte Weihnachtsfeier, da sollten wir hingehen, das lohnt sich.« Doch ich lehnte es ab, uneingeladen mitzukommen. Sofie ging noch zu ihren Eltern und ich in unser Zimmer.

Das war das erste Weihnachtsfest gewesen, das ich erlebt hatte. Es war keine religiöse Feier gewesen, es hatte keine

Gebete, keine Segenssprüche gegeben. Ich als junges, gläubiges Mädchen aus einer orthodoxen jüdischen Familie hatte mir etwas ganz anderes unter dem christlichen Weihnachtsfest vorgestellt.

Das Geschenk, das ich erhalten hatte, bestand aus einem Geldbetrag von zweihundert Reichsmark. Das war eine beträchtliche Summe für mich. Ich entschloß mich, nach St. Martin zu gehen, um im Geschäft der Familie Meier einzukaufen. Das war auch ein willkommener Anlaß, einen langen Spaziergang zu machen und das nette Ehepaar Meier wiederzutreffen. Dieses Mal ging ich ganz allein. Im Wald drangen Sonnenstrahlen durch das Dickicht der Zweige. Ich genoß es, mir selbst einen Weg zwischen Bäumen und Ästen hindurchzubahnen und den Duft der feuchten Erde und des würzigen Harzes, das von den Bäumen tropfte, zu atmen. Ein Gang durch den Wald stärkte immer wieder meinen Glauben an das Schöne und Gute dieser Welt – trotz allem. Das Gezwitscher der Vögel ließ mich für kurze Zeit alles vergessen, was mich bedrückte.

Am späten Nachmittag ging ich in St. Martin zuerst in das Gasthaus, das zum Geschäft gehörte und stärkte mich mit einer guten Tasse Tee. Herr Meier empfing mich sehr freundlich und fragte nach meinen Wünschen. Das Ehepaar Meier hatte mir vom ersten Augenblick an viel Sympathie entgegengebracht, und immer wieder hatten beide bedauert, daß ich nicht ihnen, sondern der Familie Pauli zugeteilt worden war. Herr und Frau Meier waren herzensgute Menschen voller Verständnis und Güte – ein Ausnahmefall für mich.

Wir waren uns einig in unserer Meinung über die Familie Pauli, verurteilten ihre Arroganz und belächelten das penetrante Zurschaustellen ihrer deutschen Herkunft.

Ich kaufte mir – zum ersten Mal in meinem Leben – ein paar schwarze Schuhe mit hohen Absätzen und ein Wollkostüm. Dann kehrte ich nach Steinkeller zurück.

Seitdem Schzerbnitzki das Gut verlassen hatte, machte Frau Pauli keine Bemerkungen mehr über Juden. Auf Steinkeller war es plötzlich ruhig geworden. Günter Paulis Briefe an seine Frau enthielten deprimierende Nachrichten über die deutsche Ostfront, und das beeinflußte ihre Stimmung sehr. Jedes Mal, wenn sie nach Leoben oder nach Salzburg fuhr, um eine Freistellung ihres Mannes zu erreichen, wuchs mein Verlangen, von Steinkeller wegzukommen.

Es ist früh am Morgen, ich wache von einem leisen Ticken auf. Ich lasse die Augen geschlossen, aber höre angespannt auf das Geräusch, das vom Fenster zu kommen scheint und immer stärker wird. Ich öffne die Augen, Sofie schläft noch tief. Tageslicht dringt schon ins Zimmer. Nur Sofie und ich sind im Zimmer, niemand sonst. Ich spähe aus dem Fenster. Es hat geschneit. Draußen auf der Fensterbank hat sich Schnee angehäuft, und Schmelzwasser tropft auf einen Holzschemel, der unter unserem halb geöffneten Fenster steht. Ich atme erleichtert auf, doch ich bin bestürzt, wie sehr mich das kleinste ungewöhnliche Geräusch in Angst und Schrecken zu versetzen vermag.

Ich begann früher als sonst mit der Hausarbeit, um mich dadurch wieder zu beruhigen. Oben auf der Treppe traf ich das Kindermädchen. Sie kam mit Frau Pauli aus dem Kinderzimmer und wischte sich Tränen aus dem Gesicht. Ich setzte meine Hausarbeit fort und wollte, wie an jedem Morgen, den Kindern das Frühstück auf ihr Zimmer bringen. Sofie erzählte mir in der Küche, daß der Mann des Kindermädchens an der Front verwundet worden sei und sie darum sofort wegginge. Ich sollte ihren Posten übernehmen. Der Schreck fuhr mir in die Glieder bei dem Gedanken, dann vierundzwanzig Stunden lang, Tag und Nacht, bei den Paulis sein zu müssen.

Da ich nicht länger mit Sofie über diese neue Situation reden mochte, fragte ich sie nach dem Speisezettel für das Mittagessen. Dann ging ich mit einem vollbeladenen Frühstückstablett in das Spielzimmer der Kinder.

»Anuschka, das Putzen der Kinderschuhe soll künftig Nelli übernehmen. Du hast jetzt eine wichtigere Aufgabe«, sagte Frau Pauli. »Ab heute wirst du ganz zu uns herüberziehen.«

Sie verschwand. Mir wurde klar, daß ich mich schon an diesem Abend von Sofie und unserem gemeinsamen Zimmer trennen mußte, in dem ich mich fast ein Jahr lang einigermaßen sicher gefühlt hatte. Jetzt mußte ich also ›in die Höhle des Löwen‹ umziehen.

An diesem Tag spielte ich wieder mit den Kindern. Kein Mensch vermutete, daß ich dabei insgeheim Pläne schmiedete, wie ich das Gut verlassen könnte. Ich mußte auch schnell Nadja meine Absicht mitteilen.

Gegen Abend brachte ich meine Sachen ins Wohnhaus der Familie Pauli. Hildegard und Nelli freuten sich, daß ich nun bei ihnen wohnen sollte, während Sofie schimpfte und sagte, sie habe keine Lust, ohne mich in dem alten Zimmer zu bleiben. Sie wolle künftig bei ihren Eltern wohnen. Ich beschwor sie regelrecht, in dem Zimmer zu bleiben, denn wenn ein deutsches Kindermädchen für die Kinder gefunden würde, käme ich doch bestimmt zurück.

Mein Arbeitstag zog sich jetzt endlos in die Länge, geschlagene zwölf bis vierzehn Stunden. Frau Pauli rührte bei der Erziehung ihrer Kinder keinen Finger. Sie sagte, daß Hitler viele Soldaten nötig habe und daß sie trotz ihres Alters von zweiundvierzig Jahren wenigstens zwölf Kindern das Leben schenken wolle.

Endlich erhielt ich wieder einen Brief von Nadja. In nur schwer verständlichen Andeutungen berichtete sie von positiven Veränderungen. Sie drängte mich, sie wieder zu besuchen. Doch dies kam für mich im Augenblick gar nicht in Betracht. Wer könnte meinen Platz bei den Kindern einnehmen, für die ich vierundzwanzig Stunden dazusein hatte? Ich ertrug die Belastung durch diese Arbeit ohne Freizeit mit Geduld, doch der Gedanke, Sonntagsurlaub für einen Besuch bei Nadja zu erbitten, ließ mich nicht in Ruhe. Als Frau Pauli eines Tages wieder nach Salzburg fahren wollte, sagte sie zu mir: »Ich möchte dir bei meiner Rückkehr gern ein kleines Geschenk mitbringen.« Ich antwortete schnell: »Wenn Sie mir eine Freude machen möchten, so bitte ich Sie um Urlaub an einem Sonntag, damit ich meine Freundin in Linz wieder einmal besuchen kann.« Zu meinem großen Erstaunen erwiderte Frau Pauli: »Dir steht doch Urlaub zu, natürlich bekommst du ihn. Da jetzt mein Mann sowieso nicht zu Hause ist, kann ich auch einmal selbst auf die Kinder aufpassen.«

Sobald Frau Pauli nach Salzburg gefahren war, bewegte man sich im Haus freier. Hildegard lud Do ein, Nelli spielte auf ihrer Gitarre, und wir alle trällerten bekannte Walzermelodien von Johann Strauß. »Noch zwei Monate«, sagte Nelli, »dann habe ich mein Pflichtjahr auf Steinkeller hinter mir, aber auch dann können wir weiter in Verbindung bleiben, nicht wahr?« »Natürlich«, antwortete ich, »ach, wenn ich nur mit dir zusammen von Steinkeller fortkönnte!«

Inzwischen war es Frühling geworden, und die Kinder spielten wieder viel im Freien. Obwohl ich mich abgespannt fühlte, spielte ich oft mit ihnen. Eines Tages fragte mich die kleine Frauke: »Kommst du mit zu Oma Weißmann?« – »Wer hat denn gesagt, daß wir zu Oma Weißmann fahren?« – »Mami sagt's, und sie hat auch gesagt, daß du mit uns Eisenbahn fährst.«

Ich wußte überhaupt nichts von dieser Reise, doch nach Frau Paulis Rückkehr überraschte es mich nicht mehr, als sie mir den Vorschlag machte. Die Kinder sollten die Großmutter anläßlich ihres siebzigsten Geburtstages besuchen.

Oma Weißmann empfing mich mit großer Höflichkeit, stellte aber bald ein richtiges Kreuzverhör an: Meine Herkunft, meine Bildung, alles interessierte sie. Als ich ihr erklärt hatte, daß meine Eltern von den Russen nach Sibirien verschleppt worden seien und ich auf ihre Rückkehr nach dem Ende des Krieges hoffe, sagte Oma Weißmann: »Ja, sicher, der Krieg muß bald ein Ende haben, aber er muß mit einem Sieg Deutschlands enden.«

Nach der Rückkehr von diesem Besuch, gab mir Frau Pauli einen Tag frei. Sie drängte mich auch geradezu, Lebensmittel mitzunehmen, die es in der Stadt nicht mehr gab. »Du kannst deinen Freunden Leberwurst und Schmalz mitnehmen.« Ich hatte mir meine Antwort inzwischen zurechtgelegt. »Es wird besser sein, wenn ich ihnen Brot und Kartoffeln mitbringe, die entbehren sie besonders. In der Ukraine ißt man viel Brot und Kartoffeln.« – »Anuschka, mach dich nicht lächerlich! Man fährt nicht von Steinkeller nach Linz mit Brot und Kartoffeln, wenn wir hier noch genügend Fett und Fleisch haben!« –

Ich packte meine Sachen, stand sehr früh am Morgen auf und heizte noch schnell wie gewöhnlich die Zimmer. Dann zog ich mein neues Kostüm an und machte mich auf den Weg zum Bahnhof. Draußen nieselte es. Ich stellte den Kragen meines Regenmantels hoch, doch der Regen wurde immer stärker, und ich kam völlig durchnäßt am Bahnhof an. Aus Sicherheitsgründen war noch alles verdunkelt, nur wenige Reisende warteten auf ihre Züge. Schnell stieg ich in meinen Zug und setzte mich auf einen Fensterplatz. Das Abteil war nur halb besetzt. An der nächsten Station stiegen einige Jungen in Hitlerjugenduniform ein. Sie unterhielten sich laut und unbekümmert miteinander, während ich starr aus dem Fenster in die Gegend schaute. Im Spiegelbild beobachtete ich, daß einer der Jungen aus der Gruppe ständig zu mir herüberschielte. Ich schloß die Augen um zu vermeiden, angesprochen zu werden und stellte mich schlafend. Aber ich wußte genau, wie oft der Zug bis Linz halten mußte, und erst eine Station vorher öffnete ich die Augen wieder. »Na, gut geschlafen, Mädchen?« Der Hitlerjunge versuchte tatsächlich, mit mir ins Gespräch zu kommen. »Sehr gut«, antwortete ich. »Und wohin fährst du?« fragte er weiter. »Nach Linz. Und ihr?« »Wir fahren nach Wien«, sagte der Junge. Da hielt der Zug schon. Ich stieg aus und suchte nach Nadja. Sie war auffällig groß, aber ich konnte sie nirgendwo sehen. Ich ging in den Wartesaal, auch dort war sie nicht. Schließlich wurde mir klar, daß Nadja nicht zum Bahnhof gekommen war. Der Mund wurde mir trocken. Ich schleppte mich mühsam zum Ausgang. Dort kramte ich den Zettel hervor, auf dem Nadjas

Adresse stand. Ich mußte Passanten fragen. Es war dunkel, spät am Abend. Die Straßen von Linz fast menschenleer. Wo sollte ich nun das Haus der Familie Edelmann suchen? Doch eine Frau zeigte mir dann sehr freundlich den Weg.

Das Haus wirkte vornehm, der Eingang war nur schwach erleuchtet. Während ich überlegte, ob ich so spät noch klingeln dürfte, erschien in der Haustür eine ältere Dame. Sie sah mich prüfend an und lächelte dann. »Du bist sicher Anna, Nadjas Freundin, nicht wahr?« »Ja«, sagte ich und betrat erleichtert das Haus. »Und wo ist Nadja?« fragte Frau Edelmann. Während wir uns noch unterhielten, kam Nadja angelaufen. Sie war ganz außer Atem und stieß einen Seufzer der Erleichterung aus, als sie mich erkannte. Doch wir ließen uns die Erregung über unser Wiedersehen nicht weiter anmerken, ich holte schnell aus meiner Tasche ein Paket mit Schmalz als Geschenk vom Gut Steinkeller. Frau Edelmann war darüber so entzückt, daß es sie von allem anderen ablenkte. Schmalz schien hier wertvoller als Gold zu sein.

Nadja und ich stiegen in ihre Mansarde hinauf. Bei schwachem Kerzenlicht sprachen wir im Flüsterton über alles, was sich in letzter Zeit ereignet hatte. Nadja war wie immer optimistischer als ich: »Sie können uns nichts mehr anhaben. In Lemberg soll totales Chaos herrschen. Die Partisanen und die russische Armee machen es den Deutschen unmöglich, nach unserer Herkunft zu forschen. Die Familie Edelmann hält mich für einen interessanten ukrainischen Menschentyp. Sie sind alle sehr freundlich und akzeptieren mich ohne Vorbehalt.« In Steinkeller war das anders. Die Ukrainer, die dort lebten, waren Analphabeten, und der Unterschied zwischen uns und ihnen war immer aufgefallen. »Ich möchte weg«, sagte ich, »aber wie soll ich das machen?«

Am nächsten Tag, nachdem Nadja mit ihrer Hausarbeit fertig war, gingen wir ins Lager der tschechischen Zwangsarbeiter. Nadja erzählte unterwegs viel von ihnen. Daß sie Kerle wie Bäume seien und man ihnen vertrauen könne. Sie küßten sehr gut und haßten die Deutschen wie die Pest. Mit Nadjas Freunden Milos und Slawek und der jüdischen Freundin Mira schlenderten wir durch die Straßen von Linz. Ich war wie hypnotisiert von dieser Gesellschaft, von dem freien und doch kultivierten Umgangston. Alles war hier so ganz anders. Wie ein kleines Paradies für mich. Doch leider mußte ich schon wieder abreisen. Nadja warnte mich noch einmal eindringlich, keine übereilten Schritte zu tun, und ich versicherte, daß ich nur durch die Vermittlung der Behörde eine neue Arbeitsstelle suchen würde. Das Pfeifen der Lokomotive beendete unsere Diskussion, wir umarmten uns mit Tränen in den Augen, und ich stieg ein. Ich winkte der fröhlichen Gesellschaft noch so lange nach, bis ich sie nicht mehr sehen konnte.

An der nächsten Station stiegen zwei Männer ein, die wie Gestapobeamte wirkten, und setzten sich mir gegenüber. – Sind sie hinter dir her? Haben sie vor, dich zu verhaften? Hat dich jemand angezeigt?

Wieder stellte ich mich schlafend. Schon an der nächsten Station stiegen die beiden aus. Meine Angst ließ allmählich nach, ich versuchte, nun wirklich ein wenig zu schlafen, doch es gelang mir nicht.

Als wir in St. Martin ankamen, nahm ich mir Zeit für den Weg nach Steinkeller. Es war wohltuend, daß ich niemandem begegnete, der mich in meinen Gedanken hätte stören können. Das Gutstor quietschte laut, doch der Hof blieb leer. Ich schlich in mein Zimmer, ohne einen Menschen getroffen zu haben und legte mich müde und erschöpft ins Bett. Doch einschlafen konnte ich nicht. Unaufhörlich grübelte ich, wie ich Steinkeller so schnell wie möglich verlassen könnte.

Alltag auf Steinkeller

Ich war mit den Kindern auf dem Balkon des Wohnhauses im oberen Stockwerk. Von dort oben konnte man jeden, der den Weg nach Steinkeller heraufkam, schon von weitem bemerken.

Diesmal näherte sich eine unbekannte Gestalt. Sie hatte schwarze Haare und ein rundliches Gesicht. Mir kam der Verdacht, sie könnte eine Jüdin sein, aber an ihrem Kleid war deutlich der Buchstabe »P« aufgenäht, der sie als Polin auswies. Die Gestalt verschwand im Hauseingang. Noch am selben Tag kam Frau Pauli in das Kinderzimmer und berichtete: »Anuschka, ich erhielt heute eine neue Arbeitskraft von der Vermittlungsstelle, eine Polin aus Lemberg, wo Du studiert hast. Mein Mann sagt immer, daß es in Lemberg besonders viele Juden gegeben hat.« »Ja, das weiß ich«, antwortete ich ungerührt.

Die neue Arbeiterin hieß Alina, und man hatte sie bei den Polen untergebracht. Ich sah keinen Grund, mich für sie zu interessieren. Sie war eine Polin und ich eine Ukrainerin. Aber ich wollte sie doch einmal allein treffen. Zu diesem Zweck arrangierte ich Spiele mit den Kindern auf der Wiese vor der Unterkunft Alinas. Seit einigen Tagen hatte ich sie nicht aus den Augen gelassen. Jetzt, als sie gerade die Fenster des Flures putzte und die Kinder Fußball spielten, tat ich so, als ob ich ein Putztuch suchte. Ich sah mich um, ob auch kein Mensch in der Nähe war und bat sie um das Tuch. Dabei fragte ich sie ganz nebenbei: »Alina, befindet sich sonst noch jemand im Haus?« »Nein, ich bin ganz allein hier«, antwortete sie verwundert. »Ich komme, um dir den guten Rat zu geben, auf keinen Fall Deutsch zu sprechen. Sage, daß du Deutsch nur mit Mühe verstehst!« Ihre Reaktion bestätigte meinen Verdacht. »Anuschka«, sagte sie erregt, »Du weißt, was sich die Polen hier auf Steinkeller über dich erzählen?« »Ja Alina, ich tue, was in meiner Macht steht, um hier wegzukommen. Paß gut auf dich auf! Was weißt du über Lemberg und Umgebung?«, fragte ich sie. Alina erzählte mir, daß man aus dem ganzen Bezirk Lemberg die Juden fortgebracht habe. In Rawa Russkaja hätte sie sich einige Wochen als Polin verkleidet aufgehalten. Zu diesem Zeitpunkt sei bereits keine jüdische Seele mehr dort gewesen. Angesichts dieser deprimierenden Tatsachen konnte ich mir leicht erklären, warum ich kein Lebenszeichen mehr von meinen Lieben daheim erhalten hatte.

Diese Nachrichten brachen mir fast das Herz, und noch am selben Tag setzte ich mich hin und schrieb alles an Nadja. Ich bekam schnell Rückantwort aus Linz. Nadja schrieb nur, daß sie plane, mich mit Mira, Milos und Slawek zu besuchen. Da ich jedoch nicht mit Nadja zusammen auf Steinkeller gesehen werden durfte, mußte ich sie und die Freunde im Gasthaus der Familie Meier in St. Martin einquartieren. Bei einem meiner Spaziergänge mit den Kindern wich ich vom üblichen Weg ab und ging mit ihnen nach St. Martin. Dort mietete ich ein Zimmer mit vier Betten für Nadja und die Freunde. Ich bezahlte das Zimmer im voraus, und alles war im Nu erledigt.

Im Haus wurden allerlei Vorbereitungen für die Ankunft Günter Paulis getroffen. An Nadja schrieb ich sofort, daß sich der »Feind« auf Steinkeller wieder angemeldet hatte. Noch am selben Abend brachte Josef Frau Pauli, die sich für den Empfang ihres Mannes besonders herausgeputzt hatte, mit der Familienkutsche zum Bahnhof. Spät in der Nacht, als die Kinder bereits fest schliefen, hörte ich Pferdegetrappel. Der Hausherr von Steinkeller war wieder da.

Abends pflegten die Kinder vor dem Schlafengehen ihren Eltern »Gute Nacht« zu sagen. Aber an einem Abend wollte Elke bei ihrer Mutter bleiben. Sie sollte demnächst eingeschult werden und hatte große Angst vor der Schule. Sie weinte und wollte mit ihrer Mutter darüber sprechen. Aber Frau Pauli sagte: »Hör auf, du bist nur hysterisch, geh' zu Anuschka und bitte sie um eine Beruhigungstablette!« Elke kam tränenüberströmt zu mir und bat mich um die Tablette. Ich setzte sie auf meinen Schoß und fragte sie: »Für was brauchst du eine Tablette?« »Mami sagt, wenn ich Angst vor der ersten Klasse hätte, wäre ich hysterisch.« »Nein, nein, mein Schatz, Tabletten nimmt man nur, wenn es irgendwo weh tut, sonst braucht man keine Tabletten.« »Aber Mami sagt, daß ich eine Tablette nehmen muß, und mir tut der Hals weh, also gib sie mir bitte!«

Klaus, der Jüngste, konnte häufig nicht einschlafen. Er weigerte sich, in seinem Zimmer zu bleiben und wollte bei seiner

Mutter schlafen. Ich dagegen mußte aufpassen, daß er es nicht wagte, sich in das elterliche Schlafzimmer zu schleichen. Eines Morgens erwachte ich und fand Klaus nicht in seinem Bett. Er war verschwunden. Sofort wurde mir klar, daß er heimlich aus seinem Bett geklettert und zu seiner Mutter geschlichen war. Ich ging zum Schlafzimmer von Frau Pauli und stand unschlüssig vor der Tür. Nie im Leben hätte ich es gewagt, so früh am Morgen das Schlafzimmer zu betreten, und überlegte, was ich tun sollte. Ich klopfte ganz leise an die Tür. »Komm nur herein, Anuschka, ich habe Dich schon gehört«, sagte Frau Pauli. »Ich habe wirklich nicht gemerkt, wie Klaus das Zimmer verlassen hat«, entschuldigte ich mich ängstlich. »Manchmal kann ich nicht hören, was sich im Nebenzimmer abspielt.« »Dann muß Klaus eben künftig in deinem Zimmer schlafen. So wirst du bestimmt jedes Geräusch von ihm hören«, sagte Frau Pauli, zufrieden mit der für sie so einfachen Lösung des Problems.

Es wurde ein heißer Sommer. Frau Pauli versorgte die Kinder nun allein, da ich wegen des kriegsbedingten Mangels an Arbeitskräften bei der Feldarbeit aushelfen mußte. »Die Lage in Deutschland wird immer schlimmer. Die Alliierten zerbomben die deutschen Städte, und im Norden von Deutschland leben die Menschen fast nur noch im Luftschutzkeller«, sagte Frau Pauli einmal im Kinderzimmer. »Anuschka, wir bekommen in diesem Sommer noch Besuch aus Berlin von meiner Schwiegermutter und einem befreundeten Ehepaar. Sie brauchen dringend Ruhe und müssen sich von dem Schrecken der ständigen Luftangriffe erholen. Wir hier merken ja zum Glück nichts vom Krieg und haben auch noch genug zu essen.« »Frau Pauli«, schlug ich rasch vor, »ich bin gern bereit, mein Zimmer für die Gäste zu räumen und außerhalb des Hauses zu schlafen.« Dies erschien mir eine willkommene Gelegenheit, meine Bindung an die Kinder sowie die ganze Familie ein wenig zu lockern. Aber Frau Pauli machte meine ganze Hoffnung zunichte. »Nein, Anuschka, für dich wird es keine Veränderungen geben«, sagte sie. »Wir haben ja noch zwei Gästezimmer im Haus, und das genügt.« Plötzlich nahm ihre Stimme einen hysterischen Unterton an: »Der Führer hat uns den Sieg versprochen, es ist klar, daß wir siegen müssen«, und sie fügte, wie von einem Krampf geschüttelt, hinzu: »Wenn wir den Krieg verlieren, werde ich alle Fremden auf Steinkeller erschießen und mich mit den Kindern zusammen im Badezimmer umbringen.« »Aber, Frau Pauli ...«, unterbrach ich sie. Doch sie, mit einem erschrekkenden Gesichtsausdruck, fuhr fort: »Anuschka, wir beide sind ja sozusagen Verbündete. Die Ukrainer stehen treu zu uns. Oder etwa nicht?« »Natürlich. Wenn der Krieg zu Ende ist, werden auch meine Eltern aus einem russischen Gefängnis befreit werden«, sagte ich.

In der Nacht wälzte ich mich ruhelos in meinem Bett hin und her. Ich war völlig aufgewühlt.

Am liebsten würde ich sie alle erschießen, weil sie auch mich nicht schonen würden. Wenn ich nur wie ein Mann mit Waffen kämpfen könnte! Aber so? Verbündete Nationen mit mächtigen Heeren wurden der deutschen Wehrmacht nicht Herr. Was konnte ich allein überhaupt ausrichten? Mein eigenes Leben war die einzige Waffe in meiner Hand. Die Notwendigkeit, Steinkeller zu verlassen, erschien mir immer dringlicher.

Die Mutter des Hauptsturmführers Pauli kam. Eine ältere Frau mit weißen Haaren, hochgewachsen, schlank und sehr höflich. Sie grüßte jeden stets freundlich. Das Kinderzimmer ihrer Enkel mied sie, und auch die Kinder mochten sie nicht sonderlich. Sie schloß sich meistens in ihrem Zimmer ein. Manchmal setzte sie sich an das alte Klavier und spielte klassische Musik. Nach ungefähr einer Woche reiste sie wieder ab, ohne daß wir erfuhren weshalb. Hildegard verbreitete das Gerücht, der Grund für ihre plötzliche Abreise sei ein Streit mit ihrem Sohn gewesen. Am selben Tag hatte Hilla Pauli sehr gute Laune, und ich nutzte diese Gelegenheit, sie um die Erlaubnis zu bitten, Steinkeller zu verlassen, weil ich nach einer so langen Zeit auf dem Lande eine Arbeitsstelle in der

Stadt vorzöge. »Anuschka, in der Stadt wirst du hungern müssen«, wandte Frau Pauli ein, »und solange mir die Vermittlungsstelle kein so intelligentes Mädchen wie dich zuweisen kann, werde ich dich nicht ziehen lassen.« Ich antwortete: »So werde ich mich selbst an die Vermittlungsstelle wenden und um Ersatz für mich bitten. Aber dann werde ich gehen.«

Frau Pauli war zwar mit meinem Vorschlag nicht einverstanden, aber sie versprach mir Urlaub in ungefähr zehn Tagen. Ich schrieb sofort an Nadja, daß ich für sie bereits ein Zimmer in St. Martin bestellt hatte und nannte ihr das Datum des inzwischen festgesetzten freien Tages. Diese Regelung war am unverfänglichsten, weil dadurch nicht zu befürchten war, daß uns wieder neugierige Blicke verfolgten. Kein Mensch erführe so etwas von meinen Gästen. Leider erhielt ich von Nadja eine sehr enttäuschende Antwort: »Wir können zur Zeit nicht kommen. Sobald die Angelegenheit wieder aktuell ist, erhältst du Nachricht.«

Es kamen neue Gäste nach Steinkeller. Ein älteres Ehepaar aus Berlin, Freunde der Familie Pauli. Sie machten einen vornehmen Eindruck. Ich wurde sehr nett von ihnen begrüßt, weil sie mich anscheinend für eine deutsche Arbeiterin hielten. Sie stellten sich als Herr und Frau Müller vor, und gingen beide schon früh am Morgen aus dem Haus, um in der Natur zu malen. Als sie einmal von ihrem Spaziergang in den Bergen zurückkamen, ein großer Zeichenblock schaute aus ihrer Tasche hervor, näherten sie sich langsam dem Haus und blieben am Eingang stehen. Herr Müller zog ein Bild, das er an diesem Morgen gemalt hatte, hervor und fragte mich: »Was halten Sie von diesem Bild, Fräulein Anna? Es soll die Landschaft von Steinkeller im Morgenrot darstellen.« Ich betrachtete es aufmerksam. Es zeigte nebelverhangene Felsen über Baumwipfeln. In meinen Augen war es ein Kunstwerk.

Am nächsten Tag kam Frau Müller zu mir, um mir zu sagen, daß es ihr nicht angenehm sei, als Gast unnütz herumzusitzen, und sie wolle sich aus Dankbarkeit den Gastgebern gegenüber in irgendeiner Form betätigen. So schloß sie sich meiner Arbeit, dem Sortieren von Erbsen, neben dem Gemüsegarten an. Wir saßen uns gegenüber, und sie stellte mir viele Fragen. Nachdem sie meine Lebensgeschichte gehört hatte – natürlich die der Anna Osimok –, wurde sie etwas zutraulicher. »Als ich dich zum ersten Mal sah, bemerkte ich gleich, daß du sehr kultiviert bist. Der Führer, der die Völker vergewaltigt, ist nicht nach unserem Sinn. Wir haben überhaupt nicht gewußt, daß Günter Pauli ein so hoher Offizier der SS ist. Wir gehören nicht der Nazi-Partei an.« Ich sah ihr fest in die Augen, um zu prüfen, ob sie mich in eine Falle locken wollte. Aber die Art, wie sie mit mir sprach, überzeugte mich von ihrem Abscheu vor dem Nationalsozialismus. »Wir sind eigentlich mehr die Freunde von Frau Pauli. Die Mutter von Günter Pauli vermittelte uns den Aufenthalt hier auf Steinkeller.«

Das Warten auf meinen Besuch aus Linz zog sich noch drei lange Tage hin. Sie wollten am folgenden Samstagabend eintreffen. Meine Spannung wuchs. Die Einsamkeit hatte mich fast umgebracht. Nur der Gedanke an das Wiedersehen mit den Freunden, insbesondere mit Nadja, hielt mich aufrecht. Gleichzeitig mit dem Zug kam ich im Bahnhof von St. Martin an. Sofort sah ich meine Gäste unter den aussteigenden Reisenden. Nadja rannte auf mich mit ausgestreckten Armen zu. »Anuschka, wenn Nadja einen Kuß bekommt, dann bitte für uns zwei!«, riefen lachend die Freunde. Wir gingen fast zwei Stunden spazieren, und es waren zwei wunderschöne Stunden.

Erst gegen Mitternacht trafen wir im Gasthaus Meier ein. In dem von mir gemieteten Zimmer stand ein Tisch voller Leckerbissen. Meine Gäste kamen aus dem Staunen nicht mehr heraus. Besonders entzückt waren sie von der Streichleberwurst, die sie seit Jahren nicht mehr zu Gesicht bekommen hatten. »Anuschka, wenn das Essen so hervorragend ist, warum willst du dann von Steinkeller weggehen?«, fragte Milos. »Liebe Freunde, es gibt zwar gutes Essen und oft auch viel

Müßiggang auf Steinkeller, aber andererseits beabsichtigt Frau Pauli, alle Fremden dort zu ermorden, wenn Deutschland den Krieg verliert«, erklärte ich ihnen. Sofort war alles still. »Ich bin sicher, daß sie ihn verlieren«, sagte Mira. »Wenn das so ist, dann mußt du allerdings dieses ›Schlaraffenland‹ verlassen«, fügte Slawek hinzu. Mit Nadja konnte ich nur kurz über alle mich bedrückenden Angelegenheiten sprechen. Ich sagte ihr, daß ich mich unbedingt an die Arbeitsvermittlungsstelle wenden wolle, vielleicht hätte ich auf diesem Weg Erfolg. »Man muß es wenigstens versuchen«, meinte sie. Nach einem nur kurzen Nachtschlaf frühstückten wir gemeinsam und verließen dann das Gasthaus. Wir gingen in der herrlichen Landschaft spazieren und verfluchten die Nazis aus tiefstem Herzen. Mittags nahmen wir eine einfache Mahlzeit im Gasthaus zu uns. Ich begleitete Nadja, Milos, Mira und Slawek zum Bahnhof. Traurig nahmen wir voneinander Abschied.

Das Schuljahr begann. Elke, sieben Jahre alt, wurde eingeschult. Die Schule befand sich in Öblarn, etwa 5–6 Kilometer entfernt. Elke mußte früh geweckt und für die Fahrt zur Schule fertig gemacht werden. Eines Tages erhielt Frau Pauli einen Brief von Elkes Lehrerin, in dem diese ihre Unzufriedenheit mit Elkes Leistungen in der Schule zum Ausdruck brachte. Frau Pauli lud die Lehrerin zu einem ›fürstlichen‹ Mittagessen auf Steinkeller ein. Sie war eine junge, fesche Wienerin und unterschied sich in ihrem Auftreten erheblich von den deutschen Kolleginnen, die ich bisher kennengelernt hatte. Ihr Name war Hilde, und sie bat mich um meine Hilfe für Elke. Bei dieser Gelegenheit erzählte sie, ihr zukünftiger Ehemann sei Tscheche. Sie sprach auch ein paar Worte Tschechisch, was ich sehr amüsant fand. Nachdem sie aber gehört hatte, daß ich Ukrainerin sei und mich somit zu den slawischen Völkern zählte, fragte sie mich: »Wie kommst du eigentlich dazu, bei den ›Piefkes‹ zu arbeiten? Paß nur auf! Hitler, dieser verrückte Mörder, wird sich bald das Genick brechen.« Während der ganzen Zeit starrte ich sie wie hypnotisiert an und brachte keinen Ton heraus. Sie hinterließ mir ihre

Adresse in Öblarn und verabschiedete sich von mir, als ob wir alte Freunde wären.

Am selben Abend noch besuchte mich Hannes, der Hühnerzüchter aus Holland. Es war sein erster Besuch bei mir. Seitdem er zugegeben hatte, freiwilliges Mitglied der SS in Holland zu sein, ging ich ihm aus dem Weg. Jetzt empfing ich ihn mit den Worten: »Sicherlich ist die Angelegenheit, weswegen du dich hierher bemühst, sehr dringlich.« Ich bot ihm einen Stuhl an. Durch seine dicken Brillengläser sahen seine Augen wie zwei winzige Punkte aus. Es war nicht auszumachen, wohin er gerade blickte. Seine Bewegungen waren nervös und fahrig, und er begann mit der Frage: »Ich habe gehört, daß du von Steinkeller weggehen willst. Warum?« »Sehr einfach: weil es für ein junges Mädchen wie mich zu schwer ist, Tag für Tag 12 Stunden zu arbeiten. Aber ich werde nicht eher weggehen, bis für mich ein Ersatz gefunden ist«, antwortete ich. »Das ist klar. Aber dennoch würde ich dir empfehlen, auf Steinkeller zu bleiben«, sagte er. Frau Pauli hatte mit ihm über meinen Fall gesprochen und ganz deutlich erklärt, daß ich auf dem Gut bleiben müßte, weil das nur gut für mich wäre. Jetzt wurde mir der Grund für den Besuch von Hannes klar. Frau Pauli hatte ihn geschickt. Wahrscheinlich, um mich zu bewegen, zu bleiben. Wieder folgte eine ruhelose Nacht. Ich beschloß, so bald wie möglich zur Arbeitsvermittlungsstelle nach Leoben zu fahren.

An einem der nächsten Tage als Hilla und Günter Pauli nicht da waren, nützte ich die Gelegenheit und fuhr, nachdem ich mich mit den anderen Mädchen wegen der Übernahme meiner Hausarbeiten abgesprochen hatte, nach Leoben. Auf der Vermittlungsstelle wurde ich sehr höflich behandelt. Der Beamte prüfte zunächst, auf welche Weise ich überhaupt als Kindermädchen zur Familie Pauli gekommen war, denn dies stand nicht in meiner Akte. Er bot mir eine ganze Menge von Arbeitsstellen an und versprach, der Familie Pauli in 1–2 Wochen einen Ersatz für mich zu schicken. »Kann sich die Familie Pauli weigern, mich freizugeben?« fragte ich. »Nein«, antwortete der Beamte. »Ich kenne zwar den Hauptsturmführer Pauli genau, aber so wenig wie ich mich in die Angelegenheiten der SS einmischen kann, so wenig kann er sich in unsere Angelegenheiten einmischen.«

Ich kehrte so schnell wie möglich zum Gut zurück. Als ich in die Küche kam, um mir etwas zum Essen zu holen, sagte mir Sofie ängstlich: »Günter Pauli war schon einige Male hier und hat dich gesucht. Er war sehr böse und gereizt. Irgendjemand hat mit ihm telefoniert. Dann hat er den Hörer auf die Gabel geknallt und mich wütend nach dir gefragt.« Kaum hatte mich Sofie von dem Vorfall unterrichtet, da stürzte auch schon der Hauptsturmführer Günter Pauli in die Küche und schrie mir ins Gesicht: »Nicht du, jiddische Anna Osimok, wirst bestimmen, wo du arbeitest und auch nicht das Büro in Leoben, sondern ich, Günter Pauli, und jetzt gehst du sofort wieder an deine Arbeit, so wie sie dir meine Frau aufgetragen hat.« Danach ging er wieder.

Ich verstand sofort, was inzwischen passiert war. Der Beamte hatte zwar dem Wechsel meiner Arbeitsstelle zugestimmt, aber nicht die Familie Pauli. Jetzt hatte ich mehr denn je zu befürchten, aber ich wußte auch, daß es galt, die Nerven zu behalten. Das Vergnügen, mich eingeschüchtert zu haben, wollte ich dem Hauptsturmführer der SS nicht bereiten. Ich mußte abwarten und sehen, wie sich die Dinge entwickelten. Frau Pauli hielt sich, feige wie sie war, aus der ganzen Sache heraus. Sie erwähnte die Angelegenheit mit dem Büro überhaupt nicht, und ich setzte meine Arbeit fort, als ob nichts geschehen wäre. Die kommenden Tage wartete ich angespannt auf ein Wunder, das mich aus den Klauen dieses Nazi-Ungeheuers retten sollte.

Der Heiligabend 1943 kam näher. Die Vorbereitungen waren bescheidener als im Jahr zuvor. Die französischen Kriegsgefangenen brachten uns heimlich die letzten Meldungen von der Ostfront und von ihnen erfuhr ich, daß sich die Wehrmacht Hitlers auf dem Rückzug befand. Nur das Kriegsende und die Niederlage der Nazis konnten mir die Freiheit bringen.

Die Verhaftung

Es war am Tag vor dem Heiligen Abend. Ich saß mit den Kindern der Familie Pauli in ihrem Zimmer und las ihnen die Geschichte vom Struwwelpeter vor. Plötzlich stürzte Hildegard ins Zimmer, schlug die Tür hinter sich zu und lehnte sich an die Wand. Sie war schneeweiß im Gesicht und zitterte, versuchte etwas zu sagen, doch ich fragte sie gleich: »Was ist geschehen?« – »Anuschka, das ist doch nicht wahr, das ist gelogen. Du hast nicht die Augen einer Lügnerin.« Sie umarmte mich weinend. Noch immer wußte ich nicht, was geschehen war. Hildegard sagte mit erstickter Stimme: »Frau Pauli läßt dir sagen, daß zwei Gäste für dich gekommen sind, die unten auf dich warten.« Ich dachte bei mir: Wer kann mich so früh am Morgen besuchen, ich warte doch auf niemanden? Ich lief die Treppen hinunter. Unten standen zwei Gestapobeamte und fragten mich: »Sind Sie Fräulein Anna Osimok? Dann kommen Sie bitte mit uns!« Der Ältere von beiden begleitete mich zu meinem Zimmer, wartete aber vor der Tür, als ich sagte, ich wolle mich nicht in Gegenwart eines Mannes umziehen.

Das Feuer im Ofen meines Zimmers brannte zum Glück noch. Vorsichtig nahm ich die vielen Briefe, die ich in meinem Holzkoffer versteckt hatte, und warf sie ins Feuer. Dann zog ich mein ukrainisches Kleid an, in dem ich aus dem Ghetto geflohen war. Ohne mich von irgend jemandem zu verabschieden, setzte ich mich dann in das Gestapoauto. Die beiden Beamten stiegen hinter mir ein. Draußen war es bitter kalt. Einer der beiden gab mir eine Decke, damit ich mich darin einhüllen konnte. Niemand sprach unterwegs ein Wort. Ich stellte keine Fragen, versuchte nur, meine Fassung wiederzugewinnen und alle Kräfte für den Kampf, der mir nun bevorstand, zu sammeln.

Zuerst fuhren wir zur Polizeistation in Öblarn. Der Dienststellenleiter empfing mich höflich, ich kannte ihn von seinen Besuchen bei Günter Pauli. Er sagte: »Fräulein Osimok, ich bin sicher, daß Sie der Familie Pauli beweisen können, daß diese Geschichte eine einzige große Lüge ist. Doch Sie müssen mit Wachtmeister Albert nach Leoben fahren.« – »Ich weiß nicht, worüber Sie sprechen. Was ist das für eine Lüge, die die Familie Pauli über mich verbreitet? Bis zu dem Tag, an dem ich darum bat, Steinkeller verlassen zu dürfen, hat ein gutes Einvernehmen zwischen uns bestanden. Doch jetzt, da ich das Gut verlassen will, verhaftet man mich plötzlich?« – »Ja, ja, ich kenne diesen Günter Pauli nur zu gut. Auch wir haben ständig Differenzen mit ihm. Ihre Angelegenheit wird in wenigen Tagen aufgeklärt sein, und dann sind Sie wieder frei. Ich wünsche Ihnen alles Gute, Fräulein Osimok.«

In Begleitung des Gestapobeamten bestieg ich den Zug. Die Fahrt von etwa drei Stunden verlief in absolutem Schweigen. Dann gingen wir ungefähr eine halbe Stunde in der Dunkelheit, bis wir das Büro der Gestapo erreicht hatten. Wir stiegen die Treppe bis zum zweiten Stock hinauf, und oben empfing uns ein großer, breitschultriger, etwa dreißigjähriger Mann, der mit kühlem Blick fragte: »Wo ist der Häftling?« Nachdem der Gestapobeamte auf mich gezeigt hatte, musterte er mich und meinte: »Sie scheint doch ein ganz nettes Mädchen zu sein. Was hat sie getan?« Ich zuckte die Achseln, hob die Augenbrauen mit einem unschuldigen Blick und sagte in gebrochenem Deutsch: »Ich weiß nicht.«

Die Verhöre

Der Untersuchungsbeamte Beiler erhielt einen Umschlag mit meinen Unterlagen, die er vor sich auf dem Tisch ausbreitete. Plötzlich veränderte sich sein Gesichtsausdruck. Voller Wut schrie er mich an: »Komm näher an den Tisch! Schreib deinen Namen!« Er gab mir Bleistift und Papier, und ich schrieb in ukrainischen Buchstaben ganz langsam A-n-n-a O-s-i-m-o-k. Er beobachtete jede Bewegung meiner Hand. Dann schrie er: »Schreib deinen Namen!« Ich schrieb wieder ganz langsam

A-n-n-a O-s-i-m-o-k. Das brachte ihn so in Wut, daß er ganz rot im Gesicht noch lauter brüllte: »Du sollst deinen Geburtsnamen schreiben!« Wieder schrieb ich A-n-n-a O-s-i-m-o-k, dieses Mal in deutschen Buchstaben. Dabei ließ ich meinen Blick vorsichtig über die Papiere gleiten, die verstreut auf dem Tisch lagen, und sah plötzlich das Wort »Fränkel«.

Der Name traf mich wie ein Blitz: Sie hatten doch Nachforschungen in Lemberg angestellt und wußten alles: Meinen richtigen Namen und meine Herkunft. Wie war es ihnen gelungen, das herauszubekommen, ohne daß ich etwas gemerkt hatte? Beiler sagte spöttisch: »Du kannst dir noch soviel Mühe geben beim Verschnörkeln deiner Unterschrift, dein Kopf rollt in vier Tagen! Ab ins Gefängnis!« befahl er dem Posten, der die ganze Zeit neben mir gestanden hatte. Als ich fragte, ob ich meinen Koffer mitnehmen dürfte, sagte Beiler: »Der bleibt hier!«

Auf dem Weg zum Gefängnis bemerkte ich weder die Menschen, die uns begegneten, noch den Gestapobeamten, der mich begleitete, nur die Buchstaben des Namens Fränkel flimmerten ohne Unterlaß vor meinen Augen. Hatte ich mich geirrt – hatte ich den Namen Fränkel wirklich gesehen? War es nur ein ähnlicher Name gewesen? Mir fiel ein, daß Nadja gesagt hatte, es sei jetzt fast ausgeschlossen, daß irgend jemand uns noch unsere jüdische Herkunft nachweisen könne, weil im Bezirk Lemberg heftige Kämpfe stattgefunden hätten und die Stadt und viele Dörfer fast zerstört seien.

Dann standen wir vor einer hohen Mauer, in deren Mitte sich ein mächtiges, eisernes Tor befand. Das erste Mal in meinem Leben betrat ich ein Gefängnis. Ein junger Mann in Uniform, hinkend und mit einem großen Schlüsselbund in der Hand, öffnete, nachdem der Beamte am Tor geläutet hatte. Ich wurde einen langen Korridor entlanggeführt. Ein fürchterlicher Gestank, eine Mischung aus Schimmel, Schmutz und Moder, stach mir in die Nase. Ich hatte das Gefühl zu erstikken. Unsere Schritte hallten auf dem Korridor von allen Seiten wider. Der Uniformierte brachte mich in eine Zelle. Auf Matratzen, die am Boden entlang der Zellenwände lagen, hockten ungefähr zwanzig Frauen, die mich alle prüfend oder neugierig ansahen. Ich stand wie versteinert und starrte sie an. Plötzlich sagte eine: »Wer bist du? Russin? Ukrainerin?« Dann fragten auch die anderen durcheinander: »Bist du schwanger? Hast du mit einem Deutschen geschlafen? Haben sie dich dabei erwischt?« Die laute tiefe Stimme einer alten Frau setzte sich endlich durch: »Hört doch auf mit euren Fragen! Es geht euch doch gar nichts an.« Ein junges Mädchen mit einem Lockenkopf sagte: »Das ist bestimmt 'ne Intellektuelle, die sabotiert hat.«

Plötzlich ging das Licht aus. Die alte Frau mit der tiefen Stimme, die mir gleich Vertrauen eingeflößt hatte, forderte mich auf, neben ihr zu schlafen. Nach wenigen Augenblicken herrschte Ruhe und bald war lautes Schnarchen zu hören. Die alte Frau, eine Russin, die Natascha hieß, flüsterte mir zu: »Das sind hier lauter Prostituierte. Erzähl ihnen nichts. Sie verraten dich für eine abgegriffene Münze. Sie werden dich denunzieren. Mach immer ein gleichgültiges Gesicht und versuch jetzt, so gut du kannst, zu schlafen. Wie heißt du?« »Anna«, sagte ich.

Ich schlief wirklich ein. Bleierne Müdigkeit hatte mich überfallen, ohne daß ich noch die Ereignisse der letzten zwölf Stunden in Gedanken vorbeiziehen lassen konnte. Im Traum sehe ich meinen Vater. Er sitzt wie gewöhnlich in seinem großen hohen Stuhl. Mit einem unendlich kummervollen Blick sieht er mich an. Doch er schweigt. Auf dem Sofa sitzt Mutter. Und ich tanze vor ihnen fröhlich herum. Vater erhebt sich plötzlich und gibt mir fünfzehn Zloty. Ich frage ihn: »Vater, ich nehme doch keine Almosen. Warum gibst du mir denn diese Zloty?«

Ich erwachte. Die Zelle war noch dunkel. Feuchter Modergeruch überall. Ich versuchte wieder einzuschlafen, doch vergeblich. Die Matratze stach, die rauhe Decke juckte, der Gestank machte das Atmen fast unmöglich. Wie schön war es gewesen, bei Vater und Mutter zu sein trotz ihrer Traurigkeit.

Ich wollte wieder zu ihnen, aber der Traum wiederholte sich nicht. Die Zeit schlich langsam dahin.

Morgens um sechs kam die Gefängniswärterin Gertrud. Sie schloß unsere Zelle mit einem großen Schlüssel auf und führte uns in den Innenhof des Gefängnisses. Hier war die Luft rein, ich atmete, so tief ich konnte. Nach dem Frühstück, das aus einer Scheibe Brot mit einem unbestimmbaren Aufstrich bestand sowie aus einer trüben Brühe, halb Kaffee, halb Tee, leerte sich die Zelle. Die jungen Frauen gingen in die umliegenden Fabriken zur Arbeit. Zurück blieben nur vier Frauen und Natascha und ich. Die Wärterin Gertrud brachte uns einige Körbe mit Bohnen, die wir putzen mußten. Natascha sang ein sehr gefühlvolles russisches Lied, als plötzlich die eiserne Zellentür aufgestoßen wurde, und die Wärterin rief: »Die Fränkel soll zu mir kommen!« Ich saß mit dem Rücken zur Tür und fuhr fort, meine Bohnen zu putzen. Dann hörte ich Beilers Stimme, der neben Gertrud stand: »Die Fränkel soll sofort aufstehen!« Ich tat so, als ob mich das alles nichts anginge und beschäftigte mich weiter mit meinen Bohnen. Beiler wiederholte seinen Befehl und schrie nun: »Auf der Stelle soll die Fränkel zu mir kommen!« Ich blieb ungerührt. Auch Natascha drehte sich nicht um, die anderen Frauen sahen sich an: »Die gibt es hier nicht.« »Vielleicht ist sie in einer anderen Zelle?« fragte Gertrud. Beiler sagte: »Sie ist hier, ich sehe sie!« Beiler und die Wärterin blieben am Zelleneingang und beobachteten uns, und wir arbeiteten weiter. Endlich sagte Beiler: »Anna Osimok, kommen Sie her zu mir!« Dieses Mal drehte ich mich um, stand auf, schüttelte den Schmutz von meinem Kleid und ging zur Tür. Ich versuchte, möglichst gleichgültig zu schauen, wie mir Natascha geraten hatte. Die Wärterin Gertrud sagte leise und verwundert zu Beiler: »Gerade die macht doch einen netten Eindruck, soll die etwa aus dem Osten sein?« Beiler reagierte nicht, sondern richtete seine Augen auf mich und sagte: »Du kommst jetzt mit!« »Alles Gute!« rief Natascha mir nach.

Der Weg vom Gefängnis bis zu Beilers Büro dauerte ungefähr eine Viertelstunde. Wir gingen schweigend nebeneinander. Es war Glatteis, wir kamen nur langsam vorwärts.

In Beilers Büro warteten noch zwei Gestapobeamte, an jeder Seite des Schreibtisches einer. Beiler suchte in einem Stoß Papieren herum, die noch von gestern dalagen. Ich schaute zum Fenster hinaus. Plötzlich hob Beiler seinen Kopf mit einem Ruck und fixierte mich. »Also, Anna Osimok« – er betonte meinen ukrainischen Namen Silbe für Silbe – »erzähl mir deinen Lebenslauf, aber nur das, was wahr ist!« Er nahm von seinem Schreibtisch einen Gegenstand, den ich bisher nicht gesehen hatte, eine Art Ochsenziemer. »Siehst du das hier?« fragte er mich lächelnd. »Damit bekommst du fünfundzwanzig Schläge auf den Kopf, wenn du mich anlügst.«

Ich begann, meinen ›Lebenslauf‹ zu erzählen: »Ich wurde geboren am 29. Juni 1925 in Orobalzin im Bezirk Lemberg. Meine Eltern waren reiche Großgrundbesitzer. Nach Beendigung meiner Schulzeit schickten sie mich zum Studium in die Stadt. Meine Eltern wollten, daß ich eine gute Ausbildung erhalte.« – »Wo sind deine Eltern jetzt?« unterbrach mich Beiler. »In Sibirien. Die Russen haben meine Familie verschleppt. Ich wurde gerettet, da ich zu dieser Zeit in der Stadt studierte. Unser Priester riet uns nach Ausbruch des Krieges, sich zum freiwilligen Arbeitseinsatz in Deutschland zu melden, weil dort jetzt viele Arbeitskräfte gebraucht würden. So bin ich zur Familie Pauli nach Steinkeller gekommen. Anderthalb Jahre habe ich der Familie treu gedient. Doch seit dem Tag, an dem ich darum gebeten habe, mir eine andere Arbeitsstelle in der Stadt suchen zu dürfen, war mir der Hauptsturmführer Pauli sehr böse und hat eine Menge Lügen über mich erfunden. Darum wurde ich verhaftet.« »Wer hat dich angezeigt? Welchen Namen hast du eben genannt?« fragte Beiler unvermittelt. Dann wandte er sich an einen der beiden anderen Beamten und fragte: »Fritz, erinnerst du dich an den Hauptsturmführer Pauli und diese Affaire mit dem französischen Kriegsgefangenen, die es da gegeben hat?«

Ich verstand sofort, um was es hier ging. Doch auch Fritz erinnerte sich glücklicherweise, und sie sprachen rasch miteinander. »Dieser Pauli, der sich damals eingemischt und seinen Rang ausgespielt hat, dieser Hauptsturmführer?«

Beiler betrachtete abwechselnd mich und seine Unterlagen. Dabei nahm sein Gesicht langsam einen anderen Ausdruck an. Er notierte etwas auf einem Zettel und gab ihn seinem Kollegen. Daraufhin setzte dieser das Verhör fort, und Beiler prüfte meine Aussagen anhand der vor ihm liegenden Papiere.

Am frühen Nachmittag brachte mich Beiler zurück ins Gefängnis. Um diese Zeit waren nur Natascha und zwei jüngere Frauen in der Zelle. Natascha reichte mir eine verrostete Emailleschüssel, die eine Art Suppe enthielt. Das sollte mein Mittagessen sein. Anfangs wollte ich diese unappetitliche Brühe nicht essen, aber Natascha riet mir eindringlich: »Iß das, Mädchen, du wirst viel Kraft brauchen, und das ist alles, was es heute mittag gegeben hat.« Das Zeug schmeckte noch schlimmer als es aussah, und ich brachte es nicht fertig, diesen Fraß hinunterzuwürgen.

24 Tage befand sich Natascha schon in diesem Gefängnis. Sie durfte nicht zur Arbeit nach draußen gehen. »Auch ich habe vorher auf einem Gut mit viel Landwirtschaft gearbeitet«, erzählte sie. »Und einmal konnte ich mich einfach nicht mehr beherrschen und sagte zu dem Leiter des Guts, sie alle, der Aufseher und der Bürgermeister würden aufgehängt, wenn die Russen eines Tages hierher kämen. Das war mein ›Verbrechen‹, und dafür sitze ich hier schon seit 24 Tagen.«

Natascha hatte Spielkarten, aus denen sie die Zukunft herauslas. »Anitza, du wirst einen schweren Kampf mit dem König zu bestehen haben, aber letztendlich wirst du siegen und danach mit einem Schiff fahren.« Ich lächelte, aber innerlich betete ich, daß ihre Prophezeiung in Erfüllung gehen und dies mein Weg nach Erez Israel sein möge ... Ich hatte bisher nichts vom Kartenlegen gehalten und nie an Wahrsagerei geglaubt, aber diesmal klammerte ich mich an Nataschas Worte mit aller Kraft.

Natascha, in Charkow geboren, war von Beruf Biologin und Mutter zweier Kinder. Als Russin wurde sie zur Zwangsarbeit nach Deutschland geschickt. Sie sagte: »Anitza, bei den Schurken muß man sabotieren. Ich werde niemals mehr für sie arbeiten.«

Natascha fragte mich nichts – als ob sie alles über mich bereits wüßte. Manchmal schien es mir sogar, daß sie nur deshalb sang, um Fragen der anderen Frauen an mich zu verhindern. Ihre Lieder waren wunderbar, voller Sehnsucht nach Freiheit, nach der Befreiung ihres Volkes von der Fremdherrschaft und nach der Geborgenheit der Familie. Natascha wurde trotz ihrer abfälligen Äußerung nicht zum Tode verurteilt. Sie hatte das Gefühl, unter dem Schutz ihres Vaterlandes gestanden zu haben.

Ich war froh, als mir Gertrud mitteilte, daß ich ab sofort zur Außenarbeit eingeteilt sei. Auch Natascha sollte in dieser Gruppe mitarbeiten. »Denk' dran«, ermahnte sie mich, »wenn du einen Aschenbecher siehst, dann sammle alle Zigarettenkippen, auch wenn sie noch so klein sind.« Natascha drehte sich aus diesen Kippen und Zeitungspapier Zigaretten, die sie mit Genuß rauchte. Wir arbeiteten bis Mittag in einem Getränkelager. Dies nutzte Natascha, um sich mit Alkohol zu bedienen. Auf dem Rückweg in die Zelle mußte ich sie immer stützen, und obwohl ich Trunkenheit verabscheute, hatte ich in diesem Fall Verständnis für Nataschas Bedürfnis, sich immer zu betrinken. Nach einem kurzen Schlaf war sie dann wieder nüchtern. Als ich sie fragte, wie sie es anstellte, eine Flasche Wodka zu öffnen und auszutrinken, ohne daß es jemand bemerkte, antwortete sie: »Die Flasche bringe ich immer an ihren Platz zurück, nur daß sie dann leer ist...«

»Anna Osimok, kommen Sie aus der Zelle!« Beiler und Gertrud standen an der Zellentür. Wieder ging ich mit Beiler die Viertelstunde bis zum Gestapogebäude. Als ich in den Vernehmungsraum kam, saß dort ein ungefähr 18jähriger ukrainischer Junge. Beiler griff sich seine Peitsche und verlangte von mir zu dolmetschen: »Sag' ihm, er soll sich bücken, ich werde ihn schlagen. Er soll laut bis 25 mitzählen. Und du wirst genau aufpassen. Wenn er außer dem Zählen der Schläge noch etwas anderes sagt, so hast du mir das sofort mitzuteilen.«

Das Wort ›Entsetzen‹ kann das bei weitem nicht ausdrükken, was ich beim Anblick dieser erschütternden Szene empfand. Beiler schlug den Jungen, der beim achten Schlag vor Schmerzen ohnmächtig wurde und zu Boden stürzte. Ich mußte ihm sagen, daß er wieder aufstehen solle. Wenn nicht, so würde er eine zusätzliche Tracht Prügel bekommen. Als Beiler seine unmenschliche Tat beendet hatte, wurde der Junge schwerverletzt ins Gefängnis zurückgebracht.

Mein Verhör wurde dagegen fortgesetzt. »Wer waren deine Kommilitoninnen in Lemberg, und wie hießen sie? Und was war mit Ursula Schfazinski und Heinrich Trost?« Er wiederholte die Namen zweier meiner Professoren, polnische Antisemiten, während ich so tat, als ob ich die Namen nie zuvor gehört hätte. »Niemals hatte ich Kommilitonen, die so hießen«, sagte ich, »auch keine Professoren.« Beiler durchbohrte mich förmlich mit seinen Blicken, aber ich sah zum Fenster hinaus. »Sieh mich an!« schrie er. »Komm näher an den Schreibtisch heran!«

In diesem Moment war ich sicher, daß nun ich an der Reihe war, Schläge zu bekommen. Doch ich zeigte mich ungerührt, ich hatte nichts zu verlieren. Beiler überraschte mich. Er schlug mich nicht, er berührte mich nicht einmal. Jetzt zog er ein Foto aus seiner Tasche, und ich erkannte Nadja. Er besaß auch ein Foto von mir. Frau Pauli hatte uns seinerzeit neben dem Gemüsegarten fotografiert. Jetzt bestand für mich kein Zweifel mehr, warum sie das getan hatte. Die Fotos hatte dann Günter Pauli nach Lemberg geschickt, um meine Identität überprüfen zu lassen.

In mir flüsterte eine Stimme: »Nicht aufgeben! Nur nicht aufgeben! Noch sitzt dein Kopf auf deinen Schultern, noch ist nicht alles verloren.«

Ich war überzeugt, daß sie infolge der Kriegswirren in und um Lemberg dieses Mal keinen Erfolg haben würden, wenn sie mein Foto noch einmal zur Identifizierung dorthin schickten. Entweder waren noch umfangreiche Kämpfe im Gang oder Lemberg befand sich bereits in russischer Hand. Ich mußte meine Rolle als Anna Osimok weiterspielen. Beiler verhörte mich hartnäckig. Er quälte mich mit seinen Fragen fast zu Tode. Ich war der Verzweiflung nahe. So stellte er mich in die Mitte des Raums, während einer der beiden Beamten mir den Namen »Fränkel« zurief. Drei andere Beamte fotografierten mich ständig, um meine Reaktion festzuhalten. Diese Methode wandten sie mehrmals in unregelmäßigen Zeitabständen an.

Am 5. Tag der Verhöre wurde ich zu einem Fotografen gebracht, der mich ungefähr zehnmal von allen Seiten aufnahm, während Beiler mir verkündete: »Du bleibst in Gewahrsam, Anna Osimok, in unserem Gewahrsam, bis die Rückantwort auf diese Bilder hin erfolgt ist.«

Viele Stunden lang wurde ich von verschiedenen Gestapobeamten weiter verhört. Unter ihnen war auch der Beamte Fritz, der eine andere Methode praktizierte. Wieder wurde ich in die Raummitte gestellt. Er verlangte von mir, mich ständig so zu drehen, daß ich ihm zugewandt blieb. Dabei rief er: »Fränkel, bist du hier?« oder »Fränkel, ist es nicht schon eine Weile her, daß ich dich getroffen habe?« Beiler stand daneben, beobachtete mich genau und protokollierte jede meiner Reaktionen und Bewegungen, die mein Geheimnis verraten sollten.

An einem Abend wurden die Verhöre beendet. Ich hatte plötzlich den Eindruck, als ob Beiler die Absicht hatte zu beweisen, daß ich tatsächlich keine Jüdin war. Ich erinnerte mich an eine Bemerkung Beilers in Zusammenhang mit der ›Fräulein Hase-Affäre‹, bei der ihn Günter Pauli seinerzeit öffentlich blamiert hatte. Meine Vermutung war durch das belauschte Gespräch zwischen ihm und dem Beamten Fritz bestärkt worden. Anscheinend sah Beiler jetzt in meinem Fall ein Mittel, seine Rechnung mit Pauli zu begleichen.

Am nächsten Tag erschien Beiler nicht, um mich zum Verhör abzuholen. Vielleicht geschah dies in Übereinstimmung mit Gertrud, die trotz ihrer Stellung einen guten Kontakt zu den weiblichen Gefangenen hatte. Nach dem täglichen Hofgang sagte sie nämlich zu mir, daß sie mich gerne in ihrem Haushalt beschäftigen wolle. Ich hoffte, auf diese Weise endlich von den ständigen Verhören und der Gemeinschaft meiner Mithäftlinge loszukommen. Zum ersten Mal in meinem Leben war ich einem Umgangston ausgesetzt, der von ordinären Redensarten und obszönen Witzen gekennzeichnet war und dem ich nicht entgehen konnte.

Deshalb war ich Gertrud sehr dankbar, als sie mich mit nach Hause nahm. Sie gab mir zum ersten Mal seit über einem Monat wieder etwas Richtiges zu essen. Ich befürchtete jedoch, daß dies alles vielleicht eine andere Art von Verhör sein könne. Gertrud meinte: »Das Naziregime wird bald vernichtet sein, Anna, dann wirst du zu deinen Eltern zurückkehren.« Ich aber antwortete darauf: »Meine Eltern sind in Sibirien, ich kann nur hoffen, daß wir uns nach dem Krieg wiedersehen.« »Anuschka«, ermunterte sie mich, »möchtest du vielleicht deinen Eltern einen Brief schreiben?« Ich lehnte ab: »Nach Sibirien kann man keine Briefe schreiben, aber ich habe eine Freundin in Linz, an die ich sehr gerne schreiben würde.«

Gertrud gab mir Briefpapier und einen frankierten Umschlag. So schrieb ich in Eile an Nadja und teilte ihr mit, ich befände mich im Gefängnis von Leoben und müsse beweisen, daß ich entgegen den Verleumdungen von Günter Pauli keine Jüdin, sondern eine Ukrainerin sei. Gertrud bat mich, niemandem von dem Brief zu erzählen. Noch immer war ich mir nicht sicher, ob ich ihr vertrauen konnte, oder ob dies alles ein Teil des Verhörs war, der mich hätte überführen können.

Deshalb entsprach auch der Inhalt des Briefes meinen Aussagen in den Verhören und konnte mir nicht schaden. Wichtig war vor allem, Nadja wissen zu lassen, wer mich verleumdet hatte und daß ich konsequent meine ukrainische Herkunft betonte. Zwischen den Zeilen las Nadja bestimmt die Warnung heraus, sich in Sicherheit zu bringen.

Gertrud ließ mich nicht im Haushalt arbeiten, sondern wir setzten uns in ihr geräumiges Wohnzimmer. Sie war Österreicherin und ihr Mann kämpfte an der Front. Wir unterhielten uns beinahe drei Stunden über den Krieg und die Verluste der österreichischen Truppen. Gertrud erzählte, daß viele Männer tief erschüttert von der Front zurückkämen. Sie betonte mit Nachdruck, das österreichische Volk sei nie an einem Krieg interessiert gewesen, er sei ihm aufgezwungen worden. Ich antwortete auf ihre Fragen nur kurz und wohlüberlegt, um mich vor Pannen und Provokationen zu hüten, die mich verraten konnten.

Bei Einbruch der Dunkelheit eröffnete mir Gertrud, daß sie gar nicht vorhatte, mich bei sich zu beschäftigen, da ich körperlich viel zu schwach sei. Sie wollte mich lediglich ein paar Stunden ins Haus nehmen. Als wir in das Gefängnis zurückkehrten, erzählte ich niemandem von meinem Besuch. Weil ich sonst täglich morgens zu den Verhören gebracht wurde und erst am Abend wieder in der Zelle war, fiel es meinen Mithäftlingen nicht weiter auf.

Vorübergehende Entlassung

Am Sonntag, dem 4. März 1944, wurden die Verhöre beendet. Es lagen 63 Tage Gestapohaft hinter mir. Wieviel Arbeit, Zeit und Mühe hatten die deutschen Behörden aufgewandt, um nachzuweisen, daß ein einfaches, politisch unbedeutendes Mädchen, weder antinazistische Agitatorin noch Terroristin, eine Jüdin war. Und all das, nur um völlige Rechtfertigung dafür zu erlangen, ihr wegen ihrer jüdischen Abstammung das Genick zu brechen.

An diesem Sonntag wurde nach Erhalt der üblichen Tee- und Brotration die Zellentür geöffnet und Gertrud rief mit lauter Stimme: »Anuschka, du bist frei!« Ich brachte kein

Wort heraus, ich konnte nicht glauben, was ich da gerade gehört hatte. Wie erstarrt sah ich Gertrud in die Augen. Sie bestätigte noch einmal das Gesagte, und ich packte in aller Eile meine Habseligkeiten, um die Zelle zu verlassen.

Draußen stand Beiler: »Osimok, Sie kommen heute nicht wieder hierher zurück. Sie fahren jetzt mit mir zu einer Familie in St. Peter. Dort werden Sie im Haus arbeiten, bis wir eine Antwort aus der Ukraine haben. Sie dürfen St. Peter ohne Genehmigung der Gestapo nicht verlassen.« Ich holte aus dem Gefängnismagazin meinen Holzkoffer. Beiler bot an, ihn mir zu tragen, da ich durch die Haft sehr geschwächt war. Ich lehnte jedoch höflich ab. Vor Freude über meine Freilassung gebrauchte ich unvorsichtigerweise den deutschen Ausdruck ›Kraft durch Freude‹. Ich weiß heute nicht mehr, warum ich diesen Fehler machte. Als Beiler den Ausdruck aus dem Mund eines ›unwissenden, ukrainischen Mädchens‹ hörte, sagte er grinsend: »Wenn Sie auch keine Ukrainerin sind, dann doch wenigstens eine große Schauspielerin.«

Arbeit in St. Peter

Vor dem Gefängnis wartete ein Auto. Die Fahrt nach St. Peter dauerte nur einige Minuten. Draußen war es schon recht warm, die Frühlingssonne hatte den letzten Schnee bereits weggeschmolzen. Das Auto hielt vor einem großen Geschäft in St. Peter, dort sollte ich arbeiten. Anfangs befürchtete ich, Frau Mühldorf, die Geschäftsinhaberin, würde mich im Laden beschäftigen, wo ich wieder neugierigen Blicken ausgesetzt wäre. Aber sie brachte mich in einen anderen Teil des Hauses. Ich hörte zu meiner Erleichterung, daß ich im Haushalt arbeiten sollte. Der Ehemann von Frau Mühldorf war vor einigen Monaten an der Ostfront gefallen, und sie lebte mit ihren Kindern in der Wohnung neben dem Geschäft. In den ersten Tagen verhielt sich Frau Mühldorf sehr reserviert. Nachdem ich jedoch gründlich alle Fenster geputzt hatte, äußerte sie sich dem Kindermädchen gegenüber höchst zufrieden. Das Verhältnis zu mir wurde besser, und allmählich sah die Familie Mühldorf in mir die ›Haustochter‹. Auch ich hegte kein Mißtrauen mehr, obwohl ich bei verschiedenen Gelegenheiten ihre feindseligen Gefühle gegenüber allen Menschen spürte, die aus dem Osten kamen, weil dort Herr Mühldorf ums Leben gekommen war. In den Augen der Familie Mühldorf waren Ukrainer und Russen absolut identisch.

Ich schrieb auch gleich an Nadja und teilte ihr alle Neuigkeiten mit. Von Tag zu Tag wartete ich ungeduldig auf eine Antwort. Ich machte mir Sorgen um sie, waren doch etwa drei Monate vergangen, seit ich zuletzt von ihr gehört hatte. War sie noch immer in Linz, oder hatte sie sich in Sicherheit bringen können? Vielleicht hatte sie nur die Verbindung mit mir abgebrochen, um sich nicht zu gefährden? Mein Heimweh und die Einsamkeit waren schwer zu ertragen, zumal ich nur bis drei Uhr nachmittags zu arbeiten hatte und dann viele freie Stunden folgten, die ich allein in meinem Zimmer verbrachte, um nicht auf Spaziergängen durch unerwünschte Begegnungen in Schwierigkeiten zu geraten.

Eines Tages schrieb ich voller Verzweiflung ein sehnsüchtiges Gedicht:

Achtzehn Jahre lang zogen helle Frühlingstage an mir vorüber.
Aber sie waren keine Tage fröhlicher Kindheit oder Jugend.
Doch ich werde zurückkehren, um diese Jahre des Lichts zu erneuern.
Könnte ich nur meine Mutter wiedersehen, meinen Bruder, meinen Vater, mein Heimatland betreten!
Ach, wüßte meine Mutter, wie bitter mein Schicksal ist, Tränen flössen aus ihren Augen.
Aber ich werde weiter kämpfen und beides besiegen: Das Böse und die Einsamkeit.

An einem Sonntag wachte ich sehr früh auf. Die ganze Familie Mühldorf schlief noch fest. Sonntags brauchte ich nicht zu arbeiten. Ich ging in die Küche hinunter, um zu frühstükken. Auf einmal ein leises Klopfen an der Tür, ich öffnete, und zu meiner Überraschung stand Nadja vor der Tür. Sie war sehr sorgfältig gekleidet und trug einen neuen schwarzen Mantel, der ihre gute Figur betonte. Sie sah sehr chic aus. Und da stand sie vor mir, ohne meine brieflichen Warnungen beachtet zu haben.

Wir schlichen schnell in mein Zimmer im obersten Stock. Keiner im Hause bemerkte ihr Kommen und Gehen. Wir sahen uns an, und ich konnte immer noch nicht fassen, daß sie hier neben mir in St. Peter saß. Meine erste Frage war, ob man sie in meine Angelegenheit verwickelt hatte. »Aber natürlich, Anuschka«, lächelte Nadja, während ich sie erschrocken anstarrte, »Pauli verlangte, daß man auch mich verhören solle. Ich blieb aber obenauf und überzeugte sie von der Wahrheit meiner Aussage. Wir beide sind doch Ukrainerinnen.«

Ihre Worte beruhigten mich nicht. Wir überlegten, ob es Aussicht auf Erfolg habe, über die jugoslawische Grenze zu fliehen, um sich dort den Partisanen anzuschließen. Ich besaß die Adresse einer Kroatin aus Leoben, die Freiwillige über die Grenze schmuggelte. Sie wurde einen Monat vor mir aus dem Gefängnis entlassen. Nadja verwarf diesen Gedanken: »Ein Leben im Untergrund ist für Mädchen sehr hart. Im Bezirk Lemberg gibt es keine Deutschen mehr, und deshalb können sie auch keine Unterlagen mehr von uns beschaffen. Sei also unbesorgt!«

So unterhielten wir uns weiter, gaben uns Ratschläge, und Nadja erzählte von ihren tschechischen Freunden. Sie selbst hatte ihre Arbeitsstelle gewechselt und war als Sekretärin des Gestapochefs von Linz verpflichtet worden. Auf mein entsetztes Gesicht hin versuchte sie, mich zu überzeugen, daß es in der Höhle des Löwen am sichersten sei: »Und wenn hier und da eine einzelne Jüdin gerettet werden kann, so tue ich das mit der gebotenen Umsicht. Kein Mensch verdächtigt gerade mich als Ukrainerin.« Es war Zeit, Abschied zu nehmen und ich brachte Nadja zum Zug. Ein letztes Winken, und sie war im Abteil verschwunden.

Ich kehrte geradezu beschwingt von einem neuen Gefühl der Sicherheit in mein Zimmer zurück. Mehr als zwei Monate hatte ich nichts mehr von der Ostfront und den Verlusten der Deutschen gehört. Der Besuch von Nadja hatte mir wieder neuen Mut gegeben. Ich schrieb einen Brief an Alina, das jüdische Mädchen, das sich als Polin ausgebend nach Steinkeller gekommen war, kurz bevor ich verhaftet wurde. Sie hielt mich bestimmt für tot. Alina antwortete umgehend und berichtete Neues vom Gut. Günter Pauli liege mit einer Lungenentzündung im Krankenhaus, und seine Frau halte sich die ganze Zeit bei ihm auf, so daß man sie auf Steinkeller gar nicht mehr zu Gesicht bekomme. Wenn dem so ist, dachte ich bei mir, kannst du ja am kommenden Sonntag dort einen Besuch machen.

Frau Mühldorf hatte nichts gegen die Reise einzuwenden, und sie hielt auch eine Erlaubnis von Beiler für überflüssig: »Ich bin sicher, du kommst wieder.«

Obwohl der Sonntag grau und regnerisch war, änderte ich meinen Reiseplan nicht. Ich bestieg den Zug, und nach 2½ Stunden kam ich in Steinkeller an. Zuerst klopfte ich an die Tür der Ukrainer. Faraschka und Maria öffneten und stießen Freudenschreie aus. Auch Alina, die nebenan wohnte, teilte ihre Wiedersehensfreude. Ich hörte die neuesten Nachrichten: Hildegard war im dritten Monat schwanger von ihrem Freund Do, dem französischen Kriegsgefangenen. Sie waren verzweifelt und hatten Angst vor der Zukunft. Sofie und ihre Eltern waren fortgezogen. Nach einer Weile verabschiedete ich mich von meinen Freunden und fuhr zum Haus der Familie Meier in St. Martin. Herr Meier umarmte mich: »Ich wußte ja, daß dieser Piefke – gemeint war Günter Pauli – uns eine Lüge aufgetischt hat.«

Am Abend fuhr ich nach St. Peter zurück, voller Genugtuung, daß Frau Pauli sicher erfahren würde, wie gut es mir ging.

Die zweite Verhaftung

Die Tage zogen sich hin, es wurde Frühling. Die Arbeit bei Familie Mühldorf war erträglich, ich hoffte auf ein schnelles Kriegsende. Frühmorgens am 2. April 1944 hörte ich ein Klopfen an der Haustür. Ich öffnete und Beiler stand vor mir. Er sah mich mit einem merkwürdigen Blick an und verlangte nach Frau Mühldorf. Ich kehrte an meine Arbeit zurück. Nach ungefähr fünf Minuten kam Frau Mühldorf mit niedergeschlagenen Augen und bat mich, meine Sachen zu packen und mit Beiler zu gehen. In meinem Zimmer verbrannte ich schnell Alinas Brief im Ofen, kam hinunter und stieg zu Beiler ins Auto. Er sagte nur: »Du hast mich getäuscht.« »Wieso?« fragte ich. »Gleich wirst du es wissen.«

Das Auto hielt vor dem Gestapogebäude. Wir gingen die Treppen hoch, diesmal nicht in das Zimmer von Beiler, der nur für die Gefangenen aus dem Osten zuständig war, sondern direkt zum Gestapochef.

Dieser empfing mich mit der Frage: »Wie geht es dir, Anna Osimok?« Er ließ mich näher an den Schreibtisch herantreten, auf dem er neue Unterlagen bereithielt, die meine jüdische Herkunft bewiesen. Er reichte mir einen Füllfederhalter und forderte mich auf, meinen jüdischen Namen zu schreiben. Als ich wieder ›Anna Osimok‹ hinschrieb, sagte er: »Es stimmt nicht mehr, was du da schreibst, du bist eine Jüdin. Das wissen wir jetzt ganz sicher. Dich erwartet nun eine Überraschung: das Arbeitslager.«

Aus dem Nebenzimmer hörte ich fließendes Wasser rauschen. Er fügte hinzu: »Hörst du es? Dort werden Leute geköpft, den Rest besorgt das Wasser. Aber dich lassen wir leben, dein Urteil lautet: Arbeitslager!«

Der Weg nach Auschwitz

Ein Gestapobeamter brachte mich im Zug in das Gefängnis nach Wien. Das Gebäude erinnerte zwar an ein Märchenschloß, aber es gab dort nicht einmal Betten. Man stieß mich in einen riesigen Saal, in dem bereits über 100 Frauen dichtgedrängt auf dem Boden lagen. Täglich kamen neue Gefangene, andere wurden weggeschafft. Die Frauen stammten alle aus den europäischen Nachbarländern und waren zu Zwangsarbeit verurteilt. Nach zwei Wochen teilte mir eine Wärterin mit, daß ich am folgenden Tag früh morgens um sechs Uhr abtransportiert werden würde. Wohin verschwieg sie mir.

Am nächsten Morgen brachte mich ein Polizist zum Bahnhof. Nach langem Suchen auf dem Bahnsteig fand er schließlich den für mich bestimmten Waggon mit einem Abteil, in dem ich gerade noch stehen konnte. Die Luke war so weit oben, daß ich nur mit großer Anstrengung auf die Menschen draußen durchsehen konnte – Menschen, die frei herumliefen.

Zwölf Stunden fuhr ich ununterbrochen in diesem engen Abteil, ohne Wasser, ohne Nahrung. Am frühen Nachmittag hielt der Zug einmal, doch ich wußte nicht, wo ich mich befand. Weinen drang an mein Ohr, und aus dem Waggon neben mir vernahm ich die Worte: »Höre Israel ...«

Ein SS-Mann öffnete die Tür meiner Zelle, sah prüfend einen Augenblick hinein und schloß wieder zu.

Der Zug setzte seine Fahrt fort, die bis zehn Uhr in der Nacht dauerte. Als der Zug hielt, quoll eine Menschenmenge aus den Waggons heraus. Fast alle trugen den Davidstern an ihren Kleidern. Sie alle waren ungarische Juden, wie ich später erfuhr. Auch ich wurde erschöpft aus meiner Zelle herausgelassen und einer Gruppe von 16 Christinnen zugeteilt, die sich in verschiedenen slawischen Sprachen untereinander verständigten. Als ich nach oben blickte, bemerkte ich ein Schild, auf dem ›Auschwitz‹ stand. Der Name sagte mir nichts. Erst als ich ein zweites Schild mit der polnischen Aufschrift ›Oświeçim‹ entdeckte, war mir plötzlich klar, daß ich in ein Todeslager gebracht worden war.

Ein SS-Mann der Wachmannschaft befahl mir, ihm alle meine Wertsachen auszuhändigen. Ich gab ihm meine Uhr. Er verlangte auch noch meine kleine Handtasche. Ich weigerte mich, da ich in der Tasche Waschutensilien hätte, die ich als Zwangsarbeiterin dringend benötigte. Der Mann brach in lautes Gelächter aus: »Du bist hier in Auschwitz! Hier bleibt nur eine von Zehntausenden am Leben!« Ich blieb hart und sagte: »Wenn das so ist, dann werde ich die eine von den Zehntausenden sein!« Ich behielt das Täschchen in meiner Hand.

Eine lange Kolonne setzte sich schleppend in Bewegung, die Juden ganz vorn, die Christinnen am Ende, und ich mitten unter ihnen. Wir marschierten in Fünferreihen ungefähr eine Stunde. Unterwegs bemerkte ich Warnschilder über elektrisch geladenen Stacheldrahtzäunen. Es war spät in der Nacht, und es war nichts zu sehen als die hohen Wachtürme, die über das gesamte Gebiet verstreut standen und von denen grelles Scheinwerferlicht ausging. Eine unheimliche Stille lastete auf uns allen. Von ferne hörte man vereinzelt Hundegebell, vermischt mit merkwürdigen Lauten, die wie Schreckensschreie anmuteten. Entsetzliches Auschwitz!

Das Gittertor wurde geöffnet. Wir waren im Lager Birkenau, dem Vernichtungslager von Auschwitz, angekommen. Das Lager erhellten hier und da Positionslaternen. Der SS-Mann, dem ich die Handtasche verweigert hatte, marschierte als Bewacher neben mir. Er zeigte auf einen am Wegrand stehenden Karren, auf dem sich ein Berg verkohlter Leichen befand: »Das ist Auschwitz! Jetzt weißt du, wo du bist. Gib mir deine Tasche!« Ich versuchte, mich noch einmal nach dem Karren umzudrehen, aber der SS-Mann stieß meinen Kopf mit dem Gewehrkolben zurück und rief: »Vorwärts!«

Es ist sinnlos, etwas mit Worten ausdrücken zu wollen, was sich der Möglichkeit, es in Worte zu fassen, vollkommen entzieht. Mein Entsetzen über das, was ich sah, war so groß, daß ich keine Kraft mehr aufbrachte, erschüttert zu sein. Nur ein

Gedanke hämmerte in meinem Hirn: Das hier ist die Hölle, von der mir Großmutter erzählt hatte. Aber sie hatte immer von einer kommenden Welt gesprochen. Hatte sie sich geirrt? Auch hatte sie immer nur von den Sündern erzählt, die in die Hölle kamen.

Wir wurden in ein Gebäude gebracht, in dem uns überall der Geruch von Desinfektionsmitteln entgegenschlug. Ein Mädchen von ungefähr 18 Jahren, eine Jüdin aus Lodz, die gerade einen großen Haufen Kleidungsstücke desinfizierte, fragte mich verwundert: »Wer bist denn du? Wie kommst du überhaupt hierher?« »Ich lebte zwei Jahre als Arierin und wurde zur Zwangsarbeit verurteilt.« »Dein Glück!« antwortete sie. »Siehst du den Rauch dort?« fragte sie mich und zeigte in Richtung der Gaskammern und Verbrennungsöfen, die nicht weit von uns entfernt waren. »Alle Juden, die heute angekommen sind, hat man gleich dort hingebracht.«

»In Reihen aufstellen!« Der Befehl unterbrach unser Gespräch. Zwei Frauen kamen auf uns zu. Die eine hielt eine Art Schreibfederhalter mit einer scharfen Spitze in der Hand, die andere Registrierlisten und eine Flasche Tinte. Jeder Häftling erhielt eine Nummer, die auf dem Arm eintätowiert wurde. Dies ging verhältnismäßig schnell. Als ich jedoch an die Reihe kam, rief die Frau, die die Listen führte, plötzlich: »Das hier ist ja eine Jüdin!« Daraufhin wurde unter meine Nummer noch ein Dreieck eintätowiert, das Erkennungszeichen für Juden.

Den Rest der Nacht saßen wir herum, und erst gegen Morgen führte man uns in eine Holzbaracke. Dies war der Desinfektionsraum, in den jeder Häftling nach seiner Ankunft gebracht wurde. Junge Mädchen gaben entsprechende Anweisungen. Eine von ihnen forderte mich auf, ihr meine Kleidungsstücke zu geben. Nackt stand ich jetzt da, nur noch mit meiner kleinen Tasche in der Hand, die ich mit aller Kraft verteidigte. Eine der älteren Gefangenen, deren Aufgabe das Einsammeln der persönlichen Gegenstände aller Neuankömmlinge war, riß mir die Tasche mit Gewalt aus den

Händen. Sie zeigte mich schließlich beim Kapo an und forderte meine Bestrafung. Der Kapo befahl, mir den Kopf zu scheren. Die Prozedur der Aufnahme in das Lager zog sich über viele Stunden hin. Zuletzt wurde ich mit einem Paar Männerschuhen ausgerüstet, vier Nummern zu groß und jeder Schuh in einer anderen Farbe. Ich erhielt ein gestreiftes Kleid aus grobem Stoff, das mir ebenfalls viel zu groß war. Dann wurde ich in den Block 30 gebracht, der als Quarantänestation diente.

Als ich die Baracke betrat, sah ich mein Spiegelbild in einer der Fensterscheiben. Ich sah entsetzlich aus, und eine große Depression überfiel mich. Aber ich biß die Zähne zusammen und versuchte, mich selbst wieder aufzurichten und zu trösten. Als ob es in dieser Lage und an diesem schrecklichen Ort noch auf Äußerlichkeiten angekommen wäre! Das Wichtigste erschien mir jetzt, den Kopf oben zu behalten und nicht den geraubten Dingen nachzutrauern. Es ging ums Überleben! Beim Betreten der Baracke sah ich die dreistöckigen Kojen aus ungehobelten Brettern, in denen sich die Betten befanden. Auf einem der Betten saß eine junge Frau, die mir zurief: »Anitzka!« Nadja und ich fielen uns in die Arme. Sie war noch vor mir nach Auschwitz gekommen. Die Baracke im Block 30 diente zur Aufnahme junger weiblicher Häftlinge im Alter von ungefähr 16–30 Jahren. Hier wurde die körperliche Verfassung der Gefangenen überprüft, und wer genügte, wurde zur Arbeit eingeteilt. Wer nicht genügte, kam innerhalb kurzer Zeit durch Hunger, Ruhr, Typhus oder physische Mißhandlungen ums Leben. Das war das Schicksal der meisten Häftlinge.

Die Helferin der Blockältesten wies mir einen Platz an. Nebenan saßen Selma aus Antwerpen und Bela aus Tschenstochau in Polen, die beide bereits seit 14 Tagen hier waren. Von ihnen erhielt ich die ersten Tips, wie ich auf meine Scheibe Brot zu achten hätte, die ich gerade bekam, um sie am nächsten Morgen noch in meinem Bett vorzufinden. Auch auf die Schuhe mußte man gut aufpassen. Kurz gesagt, das Bett diente als Aufbewahrungsort, in ihm versteckte man die ganze Verpflegung, die zwar schlecht war, aber lebensnotwendig.

Noch immer herrschte Dunkelheit in der Baracke. In ihr schliefen ca. 300 Frauen. Plötzlich der laute Befehl: »Aufstehen! Raustreten! Zählappell!« Ich wurde aus tiefem Schlaf gerissen. Mein Körper schob sich vom obersten Stock der Koje auf den Betonboden. Meine Schuhe hielt ich in der Hand. Hätte ich sie vorher angezogen, so wären sie mir von den Füßen gefallen. So zog ich jetzt rechts meinen braunen und links meinen blauweißen Schuh an.

Die Barackentür wurde aufgestoßen. Die Menschen drängten sich zum Ausgang. Draußen stand die Aufseherin mit einem Stock in der Hand und trieb die Menge an. Dabei schrie sie: »Schnell raus!« Wer zu langsam ging, bekam einen Schlag auf den Rücken. Trotz meiner Schuhe, die ich beim schnellen Laufen zu verlieren fürchtete, kam ich ohne Schlag davon. Die Schuhe blieben sogar an meinen Füßen.

Wir standen in Fünferreihen auf einem Schlammplatz vor der Baracke. Emma, die Barackenälteste, eine Jüdin aus Bratislava, zählte uns. Sie schikanierte uns auch. Besonders diejenigen, die ihren Anweisungen nicht peinlich genau folgten. Wir standen in Reih und Glied. Keine durfte sich bewegen, bis der Kapo und die Aufseherinnen kamen. Nach dem Zählen der Anwesenden und der Bestätigung, daß die Zahl der Häftlinge mit der Registrierliste übereinstimmte, ging der Appell zu Ende.

Einige Dutzend Häftlinge erhielten die Anweisung, wieder in die Baracke zurückzugehen. Unter ihnen befanden sich Selma und ich. Ich säuberte ein wenig meine Koje. Für den Bettenbau gab es genaue Vorschriften: Die Decken, graubraun und nach Desinfektionsmitteln stinkend, mußten der Größe des Betts entsprechend zusammengelegt sein und an den Kanten einen rechten Winkel bilden. Die Stubenälteste prüfte die Kojen und hatte für die Ordnung Sorge zu tragen.

Auf einmal kam sie an meiner Koje vorüber und fragte laut: »Wem gehört die Koje hier?« Ich meldete mich. »Du wirst mir helfen, einige Decken richtig zusammenzulegen!« Sofort machte ich mich an die Arbeit. Plötzlich erschien Emma und gab mir eine schmerzhafte Ohrfeige. Als ich nach dem Grund für die Schläge fragte, drohte sie mir: »Halt' die Klappe, sonst bekommst du noch eine!« Inzwischen war die Stubenälteste dazugekommen und hatte Emma erklärt, daß sie mir den Auftrag gegeben hatte, mich um die anderen Kojen zu kümmern. Emma, von kleiner und gedrungener Gestalt, war gewalttätig und roh und zeigte eine geradezu krankhafte Aggressivität. Sie entschuldigte sich auch nicht und ging in ihr Zimmer.

Die Blockälteste hatte besondere Privilegien. Sie wohnte in einem separaten Zimmer innerhalb der Baracke, wo sie ein relativ komfortables Privatleben führen konnte. Selma erklärte mir, daß Emmas Gewalttätigkeit pathologischen Ursprungs sei, doch ich überlegte: Wie war das möglich, daß eine Jüdin so grausam zu ihren Leuten war? Das konnte meiner Meinung nach wirklich nur die Folge einer Geisteskrankheit sein! Bella mischte sich in unsere Diskussion ein: »Das hier ist die Hölle, und die Menschen werden zu Tieren auf zwei Beinen. Emma ist die Befriedigung ihrer gewalttätigen Triebe wichtiger als sich beim Kapo oder der Aufseherin einzuschmeicheln.«

Alles wartete auf die Suppe. Sie wurde in einem großen Metallbehälter gebracht. Die Stubenälteste schöpfte die Brühe aus dem Behälter und goß sie in schwarze, verrostete Schüsseln oder in Konservenbüchsen, die die Häftlinge ihr entgegenstreckten. Für jeden gab es nur eine kleine Portion. War der Behälter nicht mehr ganz voll, bevor er zu uns kam, dann wußten wir genau, die Suppe war besser als sonst, weil sich bereits Stuben- und Blockälteste entsprechend bedient hatten.

Die kräftige und stets heißhungrige Selma schlang ihre Portion wie jedesmal sofort hinunter und klagte immer noch über Hunger. Ich bot ihr mitleidig von meiner Suppe an. Sie lehnte jedoch ab und erklärte mir: »Ja, Anitzka, du bist erst zwei Tage hier und weißt nicht, daß deine Schüssel auch als Urinbehälter für Ruhrkranke dient. Du mußt dir eine leere Konservendose aus dem Küchenabfall suchen und daraus die Suppe löffeln.« Ich war über Selmas Worte entsetzt und konnte ihre Gleichgültigkeit nicht verstehen. Warum hatte sie mir nicht gleich gesagt, daß ich diese Schüssel nicht benutzen durfte? Wurden nicht in dieser Willkürherrschaft alle menschlichen Wertvorstellungen entstellt, und wurde nicht auch dadurch die Gleichgültigkeit gefördert? Ich trug ein Gebet in meinem Herzen, das meine Seele immer stärken sollte, damit ich niemals das wahre Bild des Menschen verlieren und allen ethischen Grundprinzipien stets treu bleiben sollte... So wie es Brauch in meinem Elternhaus war.

Eines Nachmittags betrat ein nettes blondes Mädchen die Baracke. Sie war ordentlich gekleidet, mit blondem, nicht zu kurz geschnittenem Haar und sah uns mit ihren blauen Augen der Reihe nach an. Sie interessierte sich für die Neuzugänge, die täglich – beinahe stündlich – im Lager ankamen. Sie fragte nach meinem Namen und war erstaunt: »Was für eine Fränkel? Wo hast du mit deiner Familie gewohnt? Woher kommst du jetzt? Ich heiße Miriam Fränkel und komme aus Tarnow. Seit einem Jahr schon bin ich im Lager.« Wir suchten nach gemeinsamen Verwandten und prüften, ob die Namensgleichheit ein Zufall war.

Ich fragte Miriam auch, wie man zu passenden Schuhen komme, nachdem ich gesehen hatte, daß ihre Schuhe die richtige Größe hatten. »Ich werde mich darum kümmern«, sagte sie und ging wieder. Nach etwa einer Stunde kam sie zurück, bekleidet mit einem Jackett, um das sie einen braunen Gürtel geschlungen hatte. Unter ihren Armen hielt sie ein Paar braune Schuhe versteckt. Sie schenkte mir die Schuhe und auch das Jackett. Diese Veränderung meines Äußeren gab mir wieder ein wenig Auftrieb.

Die lagererfahrene Miriam hatte längst heraus, wie man sich hier Kleidung beschaffte. Wenn man beim Sortieren oder Stapeln im Kleidermagazin arbeitete, zog man mehrere Kleidungsstücke übereinander an und ging damit zur Baracke. Dort versteckte man seine Beute unter der Bettdecke und holte sie bei Bedarf wieder heraus. Nur wenige durften im Kleidermagazin arbeiten, sagte Miriam, aber sehr viele erhielten Kleider und Schuhe durch sie.

Der Kleiderschmuggel war mit einem hohen Risiko verbunden. Wenn die Aufseherinnen Razzien machten und eine Schmugglerin erwischten, gab es Schläge, und der Kopf wurde kahlgeschoren. Das waren Strafen, die die Frauen in unbeschreiblicher Weise erniedrigten, quälten und beleidigten. Die Glatze und das Kopftuch waren sichere Zeichen für eine mißlungene Schmuggelaktion. Es dauerte dann einige Monate, bis die Haare wieder nachgewachsen waren, und die Schande nicht mehr so bedrückte.

Ich zog die Schuhe an und dachte nicht darüber nach, wer einmal diese Schuhe besessen hatte, da auch ich meine Schuhe hatte abgeben müssen und an ihrer Stelle Monster von Schuhen erhalten hätte. Dies war gleichsam Teil einer Methode, die die Demoralisierung und Demütigung des Häftlings, durch Aushungern und Schwächung des Körpers ergänzt, zum Ziel hatte. Diese lächerlichen Schuhe erschwerten das Gehen erheblich, und es erforderte einige Anstrengung und Geschicklichkeit, damit fertigzuwerden. Mein gestreiftes Häftlingskleid raffte ich jetzt ein wenig mit dem neuen Gürtel, so daß es nicht mehr zu lang für mich war.

Auf dem Weg vor der Baracke marschierten viele weibliche Häftlinge. Es handelte sich aber nicht um Arbeitskolonnen, denn es war schon Mittag. Bella, die neben mir stand, erklärte mir, diese Gruppe junger Frauen im Alter von ca. 20 Jahren, die äußerlich noch sehr kräftig aussahen, würden in einen repräsentativen Teil des Lagers Auschwitz gebracht. Dieser Teil sollte dem Internationalen Roten Kreuz beweisen, daß in Auschwitz menschenwürdige Verhältnisse mit guten sanitären Anlagen, Disziplin und Ordnung herrschten.

In dieser Gruppe sah ich auch Nadja marschieren. Unsere Verbindung war unterbrochen worden, da man sie nach unserer Begegnung im Lager sofort in einen anderen Block versetzt hatte. – Auch Nadja überlebte. Sie kam 1948 nach Israel.

Mein Aufenthalt in Block 30 war zu Ende. Ich ging nun zur Arbeit. Die Aufseherin hatte mich einer Gruppe junger Mädchen zugeteilt. Antreten, Warten, Marschieren und dazwischen ein SS-Mann zur Bewachung. Nach kurzem Marsch kamen wir zu einem Ort, den die älteren Gefangenen ›Kommando Gnade‹ benannt hatten. Der Ort flößte mir Grauen ein. Von weitem sah man eine Tafel mit der Aufschrift ›Arbeit macht frei‹. Dieser zynische Spruch war Teil einer Lügenkampagne, die die Deutschen und ihre Helfer im Ghetto durchführten, indem sie behaupteten, die Juden würden in Arbeitslager kommen und dort produktive Arbeit leisten.

Große Mengen jüdischen Eigentums häuften sich unter freiem Himmel: Kleidung, Uhren, Schmuck, Schuhe, Brillen und vieles andere mehr. Daneben befand sich eine Baracke zur Desinfektion der Kleidung. Ich erhielt mit den anderen den Befehl, Pakete mit Anziehsachen zu verpacken. Alles mußte genau sortiert sein und das vorgeschriebene Gewicht haben. Die Pakete waren für den Versand nach Deutschland bestimmt.

Als wir einmal während der Arbeit nicht bewacht wurden, erzählte man mir folgende Geschichte: Vor gar nicht so langer Zeit bekam ein SS-Mann aus nichtigem Anlaß einen Wutanfall, lockte 12 Juden unter einem Vorwand in den Desinfektionsraum, verriegelte die Tür und tötete alle mit Desinfektionsgas. Bella hob ihre Augen zum Himmel und sagte: »Herr der Welt, warum hast du so viele böse Tiere geschaffen? Und wenn du sie schon geschaffen hast, so vernichte sie bitte wieder!« Bella war trotz allem ein streng religiöses Mädchen geblieben. Ich sagte ihr, daß ich nach allen Erlebnissen hier nicht mehr an einen Gott glauben könne, jedenfalls nicht an einen Gott, wie man ihn sich bei uns zu Hause vorgestellt hatte. Aber Bella sagte mit Bestimmtheit: »Es gibt einen Gott im Himmel.«

Malahs Heldenmut

Im Lager sah man ab und zu eine ungewöhnliche Gestalt. Es war eine belgische Jüdin, die Malah hieß und bei den SS-Leuten sehr beliebt war. Sie hatte durch ihren Charme überall Erfolg und brachte von den deutschen Aufsehern Dinge mit, die lebenswichtig waren, wie z. B. Medikamente, Essen oder Kleidung. Diese gab sie an die Bedürftigsten, die Kranken und Sterbenden, weiter. Ihr volles Haar verbarg sie unter einem Kopftuch, aber kein Mensch wagte es, ihr zu befehlen, ihr Haar abzuschneiden.

Es war bei einem Abendappell, der bereits über zwei Stunden dauerte. Wir hatten schon unsere Brotration erhalten und sie heißhungrig verschlungen. Die SS-Männer und der Kapo gingen überall herum und zählten uns immer wieder. Wir erfuhren, daß ein Häftling fehlte.

Am nächsten Tag erzählte uns die Blockälteste, Malah sei von dem mit ihr befreundeten polnischen Anstreicher Janek in einem leeren Kalkfaß aus dem Lager geschmuggelt worden. »Sie ist bestimmt schon auf dem Weg nach Westen, und sie kann sicher etwas für uns hier tun«, meinte die Blockälteste.

Es vergingen einige Tage und Malah wurde nicht gefaßt. Das erfüllte unsere Herzen mit Stolz. »Malah wird überall die entsetzliche Wahrheit über Auschwitz verbreiten. Das wird bestimmt zu Rettungsaktionen führen!« So hofften wir. Aber unsere Hoffnungen zerbrachen angesichts der grausamen Wirklichkeit. Am 14. Tag nach ihrer Flucht herrschte Trauer im Lager. Sie hatten Malah an der tschechischen Grenze gefaßt und nach Birkenau zurückgebracht. Die SS hatte auf dem Appellhof einen Galgen errichtet. Wenige Augenblicke vor ihrer Hinrichtung bewies sie einen Heldenmut, der uns wieder neue Hoffnung gab. Sie schnitt sich die Pulsadern auf und schlug dem Lagerkommandanten mit der blutenden Hand ins Gesicht. Dabei schrie sie: »Ihr Mörder! Der Tag eures Gerichts kommt bald! Dann werdet ihr für jeden Tropfen Blut bezahlen müssen!«

Auschwitz – oder polnisch Oświęcim – wurde im Südwesten von Polen errichtet, weil das Hitlerregime eine Bevölkerung brauchte, die mit ihm beim Bau dieser Judenvernichtungsanlage kooperierte. Das Klima in Auschwitz entsprach den klimatischen Verhältnissen in Mitteleuropa: Im Sommer regnete es wenig, im Herbst dagegen etwas mehr, und im Winter fiel Schnee. An einem der Regentage trug ich das Jackett von Miriam. Nach der Arbeit hängte ich es an einen Nagel an meiner Koje und ging nach draußen, um meine Schuhe zu säubern. Als ich nach wenigen Minuten zurückkehrte, war das Jackett gestohlen. Angeblich hatte es niemand bemerkt. Ich zog daraus die Lehre, immer alles in meiner Koje zu verstecken, auch wenn es nur für kurze Zeit war. Das äußere Erscheinungsbild eines Häftlings in Birkenau war lebenswichtig. Hielt man sich gut, so hatte man die Chance, arbeiten zu können. Andernfalls drohte der Tod in der Gaskammer.

Wir kamen früher als gewöhnlich von der Arbeit zurück. Am Tor keine Leibesvisitation. Beim Appell erhielten wir eine zusätzliche Ration Marmelade, das Brot war für den Abend und den nächsten Morgen zugleich bestimmt. Auch der abendliche Zählappell endete früher als sonst. Es herrschte überall Niedergeschlagenheit. Man unterhielt sich nicht, saß auf den Kojen oder stand am Barackeneingang herum. Alle Gesichter waren voll Sorge und quälender Spannung. Wir mußten in der Baracke bleiben, das bedeutete Unheil. In der Nähe der Baracke 28 entstand Bewegung. Man sammelte dort die Kranken und vom Hunger Gezeichneten und alle, die der Selektion zum Opfer gefallen waren. Die Selektion im Lager fand während des Appells statt. Sie holten willkürlich Menschen aus den Reihen heraus und brachten sie auf Befehl des Kommandanten in die Baracke 28. Von dort aus wurden sie alle in die Gaskammer transportiert. Ich weinte. Das Gefühl der Ohnmacht raubte mir fast den Verstand.

Seit Tagen war ich nicht zur Arbeit gegangen. In unsere Baracke kam eine neue Gefangene. Sie hieß Natka und stammte aus Kelz in Litauen. Während der deutschen Besatzung hatte sie im Ghetto gelebt, dann in verschiedenen Lagern. Natka war ein intelligentes Mädchen mit hohen moralischen Auffassungen und einer vorbildlichen menschlichen Haltung, mit der sie im Nu meine Zuneigung und mein Vertrauen gewann. Nicht weit von uns gab es eine Baracke mit einer Reihe von Wasserhähnen, aus denen Wasser tropfte. Wir versuchten vergeblich, die Hähne aufzudrehen, um einen richtigen Wasserstrahl zu bekommen. Daher schlichen wir ganz früh, wenn noch alle schliefen, mit leeren Konservendosen zu den tropfenden Hähnen. Nach einem ermüdenden Warten von fast einer Stunde hatten sich dann unsere Büchsen gefüllt, und das mußte dann für die morgendliche Körperpflege reichen. Ich wusch das Gesicht und den ganzen Körper mit der Wassermenge einer Konservendose! Körperpflege war oberstes Gebot im Lager. Natka und ich beachteten dieses Gebot mit besonderer Hartnäckigkeit, soweit es unter diesen Umständen überhaupt möglich war. Zeit meines Lebens habe ich nie wieder so entsetzliche Hautkrankheiten wie in Birkenau gesehen.

Morgenappell. Der Kapo erschien. Eine Deutsche mit einem roten Dreieck auf dem Arm fragte: »Wer von euch spricht Deutsch?« Ich meldete mich. »Wer hat bereits in der Küche gearbeitet, oder wer kann kochen?« Nach kurzem Zögern meldete ich mich wieder. Der Kapo holte mich aus der Reihe, sah mich prüfend von Kopf bis Fuß an und entschied: »Du bist nicht stark genug für die schwere Arbeit in der Küche.« Ich bat ihn inständig, es doch einmal mit mir zu versuchen. »Kannst du auch schwere Säcke von 100 kg und mehr heben?« »Jawohl, ich kann«, antwortete ich mit Bestimmtheit.

Der Kapo brachte mich daraufhin in die Küche. Dort arbeiteten bereits vier Polinnen und zwei Jugoslawinnen. Ich war die einzige Jüdin. Die Polinnen trugen ein schwarzes Dreieck unter ihrer Häftlingsnummer als Zeichen, daß sie entweder Prostituierte oder Kriminelle waren, die Jugoslawinnen trugen das rote Dreieck der politischen Gefangenen. Ihre unflätigen Redensarten erinnerten mich sehr an die Frauen im Gefängnis von Leoben. Maria und Janina, die beiden Jugoslawinnen, brachen in Gelächter aus, als sie mich mit dem Kapo kommen sahen: »Was bringst du uns einen ›Muselmann‹ in die Küche?«

»Halt' die Klappe, sie ist kein ›Muselmann‹!« Die Antwort des Kapos gab mir Selbstsicherheit, und ich sagte zu ihm auf Deutsch: »Ich hatte schon Gelegenheit, Polinnen kennenzulernen, aber diese kennen mich noch nicht. Ich werde zeigen, was ich alles kann.« Der Kapo gab sich mit meiner Antwort zufrieden und ging.

Maria zog mich am Ärmel: »Komm mit in den Vorratsraum.« Dieser war riesengroß und voller Lebensmittel. Maria warnte mich: »Du bist noch neu hier, wage ja nicht zu klauen!« Die meiste Zeit arbeitete ich als Lastenträgerin, außerdem mußte ich die großen Kochkessel spülen. Dazu kam das Schälen enormer Berge von Kartoffeln.

Die Arbeit in der Küche war leider verbunden mit dem Abschied von Natka, da ich als Küchenhilfe in eine andere Baracke umziehen mußte. Der Abschied fiel uns schwer, war doch die menschliche Verbindung zwischen ihr und mir für uns eine Quelle geistiger Kraft in all dem Leid. Doch tröstete mich der Gedanke, durch meine Arbeit in der Küche mancher das Überleben zu ermöglichen. Ich freute mich, daß es mir gelang, Selma, die an einem schweren Husten litt, Milch zu bringen. Sie war sehr abgemagert. Bei den Appellen konnte sie nicht mehr stehen. Sie arbeitete nicht mehr und lag fast den ganzen Tag in ihrer Koje. Sie hustete ununterbrochen. Ihre Suppenration konnte sie nicht mehr bei sich behalten. Nur die Milch, die ich für sie schmuggelte, besserte ihren Zustand. Ich brachte sie ihr in einer Flasche, die ich in einer leeren Suppenschüssel versteckte. Einmal wurde ich erwischt und erhielt zur Strafe Schläge.

Das erste Gefühl beim Aufwachen war der entsetzliche Hunger. Alle anderen Schmerzen waren zweitrangig. Dieser furchtbare Hunger ließ zum Beispiel die Mutter von Sabinka die tägliche Brotration ihrer Tochter aufessen. Als das Mädchen bitterlich weinte und die Mutter bat, ihr das Brot zu geben, behauptete diese, das Mädchen habe ihr Brot schon am Abend zuvor gegessen. »Nein, Mutti, du hast meine Scheibe genommen, als ich schlief«, heulte Sabinka. Niemand kümmerte sich um diesen traurigen Vorfall. Ich aber konnte das Leid des Mädchens nicht mit ansehen und teilte mein Brot mit ihr. Sabinka war erst 14 Jahre alt. Nur weil sie älter aussah, wurde sie mit ihrer Mutter zusammen ins Lager gebracht.

Ein neuer Befehl kam von der Lagerleitung, der die Verlegung von einigen Tausend »arischen« und jüdischen Häftlingen in das Zigeunerlager von Birkenau zur Folge hatte. Auch ich war darunter. Das Zigeunerlager war leer geworden, weil man alle Zigeuner inzwischen vergast hatte. Die sanitären Anlagen waren hier besser. Auch löste der Schnee manches Hygieneproblem. Wir liefen nackt aus der Baracke und wuschen uns mit Schnee.

Im Zigeunerlager hatte ich eine Freundin namens Rutka. Sie war mit ihren Eltern nach Auschwitz gekommen. Von ihrem Vater war sie gleich an der Selektionsrampe getrennt worden, die Mutter starb nach einigen Tagen in ihren Armen. Die politischen Ansichten von Rutka unterschieden sich von meinen erheblich. Sie glaubte, nur der Kommunismus könne das jüdische Problem lösen, und ich glaubte an die Verwirklichung der zionistischen Idee. Viele Stunden diskutierten wir miteinander. Als ich ihr sagte, daß meiner Meinung nach nur Palästina als neue Heimat für das jüdische Volk in Frage komme, lachte sie halb spöttisch, halb mitleidig: »Du denkst nicht realistisch, deine Gedanken sind kindisch.«

Die Sprengung des Krematoriums

In der kurzen Zeit zwischen Arbeitsende und Abendappell hörten wir plötzlich nicht weit von uns entfernt eine laute Detonation. Es folgte der Befehl, die Baracken nicht zu verlassen. Wir sahen Rauch aus Richtung des großen Krematoriums. Rutka stand neben mir und sagte: »Vielleicht sind die Russen im Anmarsch?« Ich wandte mich ihr zu und meinte: »Jetzt geht das Krematorium selbst in Flammen auf.«

Die Polin Maria, die unser Gespräch gehört hatte, besaß die Frechheit, uns zu erwidern: »Was Hitler nicht mit seiner Judenvernichtung schafft, werden wir eines Tages schaffen.« Tatsächlich machte sie später mit ihren Freunden ihre schändlichen Absichten wahr und verübte Pogrome an geretteten Juden, die nach dem Krieg aus Verstecken oder Lagern in die Städte kamen, um nach überlebenden Familienangehörigen zu suchen.

Den Sabotageakt an der Verbrennungsanlage verübte ein jüdisches Sonderkommando. 15 Männer hatten die Tat unter schwierigsten Bedingungen geplant. Durch die Explosion wurde eine Bresche in den Zaun gerissen, durch die die jungen Männer fliehen konnten. Zu ihrem Unglück wurden jedoch 13 von ihnen gefaßt.

Es war Januar geworden und draußen herrschte eine große Kälte. Die Häftlinge, die zu Außenarbeiten eingeteilt waren, brachten viele Neuigkeiten mit ins Lager. Waren es Tatsachen oder nur Gerüchte? Die Optimisten unter uns behaupteten, die russischen Truppen seien höchstens noch 50 Kilometer vom Lager entfernt. Die Pessimisten dagegen meinten, daß sie uns alle noch töten würden, bevor die Russen hier einträfen. Sie fügten aber sofort hinzu, die Wachmannschaften hätten dann sicher nicht mehr die Zeit, uns bis zu den Gaskammern zu treiben und wären deshalb gezwungen, uns zu erschießen.

Die Räumung von Auschwitz

18. Januar 1945. Noch immer ist es dunkel. Plötzlich kommt der Befehl, mit einer Decke unter dem Arm zum Appell anzutreten. Was hat das zu bedeuten? Der Kapo nimmt es mit der Disziplin nicht so genau.

Rätselraten, Gerüchte! Die Deutschen wollen sicherlich die Decken nicht den Russen überlassen, deshalb dürfen wir sie mitnehmen. Die Decken sind unser einziger Schutz vor Kälte und Schneeregen. Gegen acht Uhr wird das Lagertor geöffnet, und wir bewegen uns in langen Kolonnen nach draußen. Hinter uns schließt sich das Tor zu einer Hölle, die Deutsche ersannen, bauten und verwalteten.

Die zehn Monate, die ich in Auschwitz verbrachte, waren Monate des Kampfes gegen primitivste Lebensbedingungen, Monate gräßlichen Hungers und Monate ständiger Angst vor dem Tod in der Gaskammer sowie des Ringens um menschliche Selbstachtung.

Anfangs wälzte sich die Kolonne nur langsam vorwärts. Wir kämpften mit hohem Schnee, der uns auch als Nahrung diente. Meine Scheibe Brot hob ich mir als eiserne Ration auf. Plötzlich hörte man Schüsse. Jemand hatte fliehen wollen und war erschossen worden. Der Marsch ging weiter. Schwer atmend entwickelten wir ungeahnte Kräfte. Viele brachen zusammen. Die meisten waren Männer. Die SS-Leute erschossen sie mit ihren Maschinenpistolen. Wir kamen durch menschenüberfüllte Gebiete. Es waren viele, die sich dem Zugriff von Militär und SS zu entziehen versuchten. Ich machte die neben mir marschierende Rutka auf die Gefahr aufmerksam, die uns von der den Juden feindselig gegenüberstehenden polnischen Bevölkerung drohte. Überall war das kommende Ende des Krieges spürbar.

Es wurde Abend. Bei Eintritt der Dunkelheit machte die Kolonne halt, und wir wurden auf Baracken verteilt. Rutka und ich wurden zusammen mit an die hundert Menschen in eine Baracke gepfercht, die allenfalls ein Dutzend hätte aufnehmen können. Wir sanken nieder, wo wir gerade standen und schliefen ein. Bei Anbruch der Morgendämmerung wurde der Marsch fortgesetzt. Es ging in Richtung Breslau. Auf einem der nächsten Bahnhöfe drängte man uns in einen offenen Viehwagen, in dem wir uns kaum bewegen konnten.

Im Lager Ravensbrück

Am Abend erreichten wir das Lager Ravensbrück. Der größte Teil des Lagers lag in Dunkelheit. Den Schlamm auf den Wegen konnten wir nicht sehen, wir fühlten ihn aber nur zu gut. Am nächsten Tag gab es keinen Appell. Man brachte uns nicht zur Arbeit, und wir erhielten kein Brot. In Ravensbrück gab es keine Gaskammer und keine Verbrennungsöfen. Hier waren viele Nichtjuden inhaftiert. Es gab scheinbar auch keine SS. Im Lager herrschte Chaos. Je näher die Befreiung zu sein schien, desto größer war die Gefahr zu verhungern. Der Hunger war kaum zu ertragen.

Ich ging aus der Baracke. Das Lager war nicht besonders groß. Grauenhafte Bilder vor jeder Baracke, Leichen waren zu Dutzenden aufgestapelt. Es hatte den Anschein, als ob man Menschen hierher gebracht hätte, die vor einiger Zeit verhungert oder an Krankheiten gestorben waren. Ich betrat eine Baracke, in der Juden untergebracht sein sollten. Auch vor ihr häuften sich Leichen. Ungefähr zwei Meter davon entfernt bemerkte ich ein junges Mädchen, zusammengekauert und vor Kälte zitternd. Die Augen lagen tief in ihren Höhlen. Sie schien nur noch einen letzten Funken Leben in sich zu haben. Ich näherte mich ihr und stellte eine Ähnlichkeit mit einem Mädchen aus Rawa Russkaja fest. Ihr Gesicht war schwarz vor Schmutz und ausgemergelt, so daß ich nicht sicher war, ob sie die früher blonde, schöne Sela Maraz war. Ich rief sie bei ihrem Namen und sie hob den Kopf. Mit schwacher Stimme rief sie auch meinen Namen. »Sela, was kann ich hier an diesem schrecklichen Ort für dich tun? Warum ist dein Gesicht so schwarz?« Ich riet ihr, sich doch einmal zu waschen. Sie aber meinte: »Seit einem Monat habe ich kein Stück Seife mehr gesehen.« Ich holte aus meinem Säckchen, das ich an einer Schnur um den Hals trug, ein Stück Seife heraus und gab es ihr. Sela stand auf und ging sich waschen. Hier trennten wir uns, da ich am nächsten Tag wieder eine Fahrt mit unbekanntem Ziel antreten mußte.

Sela Maraz traf ich in Israel nach 25 Jahren wieder. Sie hatte versucht, mich ausfindig zu machen, und unsere Wiedersehensfreude war groß. Sie begrüßte mich mit den Worten: »Kannst du dich noch an das Stück Seife erinnern, das du mir in Ravensbrück gegeben hast?«

Im Lager Neustadt-Clewe

Eine nicht mehr sehr große Gruppe von Auschwitz-Evakuierten wurde ins Lager Neustadt-Clewe, ungefähr 200 km von Berlin entfernt, transportiert. Wir gerieten in ein menschenleeres Lager. Nur noch wenige SS-Leute waren zu sehen. Das Lager wurde von einer etwa 50jährigen Deutschen geleitet. Die Tatsache, daß sie selbst Häftling war, änderte ihr Verhältnis zu uns nicht. Die Baracken waren sehr klein, und wir mußten uns zusammendrängen. Arbeit außerhalb des Lagers gab es für uns fast nicht. Der Hunger peinigte uns entsetzlich. Eine sogenannte Suppe aus aufgetautem Schnee mit etwas angeschimmeltem Brot und eine Scheibe Brot mit undefinierbarem Aufstrich waren unsere tägliche Verpflegung.

Es war inzwischen April. Die Sonne schien und kündigte mit ihren wärmenden Strahlen den Frühling an. Oben am Himmel sahen wir die Bomberpulks, und während wir noch die Flugzeuge zu identifizieren versuchten, warfen sich unsere Bewacher furchtsam zu Boden oder rannten in die Luftschutzkeller. Dieser Anblick stärkte mehr noch als alles andere die Hoffnung in uns, daß das Ende des Hitlerregimes nahe war. Wir hörten die Detonationen der Bomben in der Ferne und saßen vor unseren Baracken mit dem sicheren Gefühl, daß das Lager nicht bombardiert werden würde. In der Nähe unserer Baracke lagen verstreut einige Zeitungsblätter herum, die einer der Bewacher verloren hatte. Ich sammelte sie schnell auf und beschaffte mir irgendwoher einen Bleistiftstummel, skizzierte die Karte von Europa und trug darauf den ungefähren Frontverlauf ein, wie er sich aus den Zeitungsmeldungen ergab. Ich berechnete die Entfernung zwischen den Städten und schätzte auf diese Weise die Zeit, die noch bis zu unserer Befreiung vergehen würde. Diese Beschäftigung wurde regelrecht zu meinem Steckenpferd.

5. 5. 1945. An diesem Tag wurden wir nicht zum Morgenappell befohlen. Wir waren in unseren Baracken eingeschlossen. Diejenigen, die den vergitterten Fenstern am nächsten waren, berichteten von einer ungewohnten Ruhe im Lager. »Sicherlich wollen sie uns alle umbringen«, meinte Rutka, »vielleicht bedeutet es aber auch das Ende von denen?« Stille herrschte in den Baracken und verband sich mit der Stille draußen. Nur Blicke wurden gewechselt. Schmerzen in der Brust, die von Tag zu Tag schlimmer geworden waren, quälten mich unaufhörlich. Ich schaute mich um, und nur ein Gedanke beschäftigte mich: Wie kommst du hier raus, wenn die Baracke brennt? Rutka sah mich prüfend an, und als ob sie meine Gedanken lesen könnte, rief sie plötzlich: »Nur keine Angst, Anuschka, entweder wir kommen alle hier raus oder keiner!« Ich blickte sie dankbar an, hatte aber nicht die Kraft, ihr laut zu sagen, wie erstaunt ich war, daß sie meine Gedanken erraten hatte. Die Baracken waren noch immer fest verschlossen, die Fenster mit Eisengittern verriegelt. Aber es geschah nichts. Kein Mensch war weit und breit zu sehen. Rätselraten und Vermutungen bei den Frauen. Die Morgenstunden vergingen, ohne daß uns etwas Besonderes auffiel.

Die Befreiung

Auch mittags und nachmittags noch überall Stille, kein Mensch zu sehen, nicht einmal die SS-Leute. Martha, die Lagerkommandantin, erschien ebensowenig. Da begannen die Frauen an den Fenstern, die Gitter aufzustoßen, erst vorsichtig und zögernd, dann etwas stärker. Ganz langsam wurden sie mutiger und rüttelten mit aller Kraft an den Eisenstäben. Die anderen feuerten sie an. Gemeinsam stemmten sich die Frauen gegen das Gitter. Der ganze Fensterrahmen knirschte. Sie verstärkten ihren Druck, die Baracke begann zu schwanken. Die Frauen nahmen ihre ganze Kraft zusammen: »Vorwärts! Noch ein wenig! Und noch einmal!« Das Gitter wackelte, und noch ein Stoß – es fiel zu Boden. Wir stürmten alle hinaus! War die Befreiung gekommen? Auch von den anderen Baracken drängte plötzlich eine Menge Menschen in Richtung Lagertor. Die Häftlinge mobilisierten ihre letzten Kräfte, brachen Türen auf, zertrümmerten Fensterscheiben und verkündeten überall: »Wir sind befreit! – Frei! – Raus! ...«

Alle fielen über die Lebensmittelmagazine her. Im Nu waren die Lagerräume ausgeleert. Tonnen von Brot, Konserven, Marmelade usw. wurden von den Häftlingen hinausgeschleppt. Die Gesunden halfen den Kranken, jeder teilte mit den anderen, und alles verlief im Geiste echter Solidarität. Mich überfiel eine große Schwäche. Ich konnte kaum mehr gehen und schleppte mich wieder in mein Bett. Rutka kam zu mir, und ihre Worte nahm ich mir zu Herzen: »Anuschka, jetzt wirst du bald wieder gesund werden. Sieh, was ich dir mitgebracht habe: Käse, Brot, Marmelade. Steh' auf und iß!«

Rutka erzählte, daß englische Soldaten am Tor ständen und sich weigerten, das Lager zu betreten, weil sie gehört hätten, daß eine Typhus-Epidemie ausgebrochen sei. Aber inzwischen waren Männer aus einem anderen Lager gekommen, die sich schon vor einigen Tagen befreit hatten, und von ihnen erfuhren wir, daß Berlin bereits in den Händen der Alliierten war.

Ich hielt meine Tränen nicht zurück, sie flossen in Strömen über mein Gesicht. Mir wurde erst jetzt bewußt, daß dieser Augenblick nicht so war, wie ich ihn mir tausendmal erträumt hatte. Vielleicht ist es das Schicksal zu hoch gespannter Erwartungen, den Menschen zwar lange in Atem halten zu können, aber bei der Verwirklichung ein Gefühl der Leere zu hinterlassen, das schwer zu beschreiben ist. Es gleicht dem Abschied von einem guten Freund und Weggefährten, der in schweren Stunden stets ermutigt und die rettende Hand gereicht hat.

Jetzt, da ich frei war, fehlte mir die Kraft aufzustehen. Ich hatte Schwierigkeiten zu sprechen, ich hatte Mühe zu atmen. Ich klammerte mich unablässig an die Hand von Rutka und flehte: »Hilf mir aufstehen, hilf mir, nach draußen zu gehen.« »Nein, Anuschka, du hast hohes Fieber. Du darfst nicht aufstehen, bleib' ruhig liegen! Ich werde mich darum kümmern, daß du auf dem schnellsten Weg in ein Krankenhaus kommst.« »Wenn ich mich mit Typhus angesteckt habe, muß ich sicherlich sterben«, sagte ich bitter. »Nein, Anuschka«, versuchte mich Rutka zu trösten, »wenn es den Deutschen nicht gelungen ist, dich umzubringen, dann wirst du nicht sterben, sondern leben. Du wirst leben! Hörst du?«

In der Baracke ging es zu wie in einem Bienenkorb. Alle waren mit Essen und Trinken beschäftigt, Tee dampfte, Konservendosen wurden geöffnet, man kochte, sortierte, verteilte. Rutka reichte mir eine Tasse dampfenden Tee. Ich spürte, wie meine seit Monaten fast erstarrten Glieder langsam zu neuem Leben erwachten. Der Schmerz in meiner linken Brusthälfte ließ nach. Die Freude um mich herum weckte meinen Lebenswillen und gab mir neuen Mut. Ich flüsterte Rutka ins Ohr: »Du hast recht, ich darf jetzt nicht sterben. Ich muß leben!« Rutka lächelte mich an, während ihr die Tränen über die Wangen rollten. Und wirklich, nach zwei Tagen schaffte es Rutka mit unermüdlicher Geduld, mich in ein Haus außerhalb des Lagers zu bringen, wo ich seit langem wieder einmal in einem richtigen Bett liegen konnte. Das Haus gehörte einer deutschen Familie und lag direkt neben dem Lager. Die Besitzer waren geflohen, weil sie anscheinend die Rache der befreiten Häftlinge fürchteten.

An einem Nachmittag kam ein russischer Soldat in das Haus. Es stellte sich heraus, daß die Engländer und Amerikaner Neustadt-Clewe geräumt und das Gebiet den Russen überlassen hatten. Der russische Soldat fragte, ob wir schon unsere Kennkarten erhalten hätten. Als wir verneinten, fragte er mich: »Was machst du hier im Bett?« »Ich habe Typhus«, antwortete ich. Der Soldat machte sich schnell aus dem Staub und forderte Rutka aus gebührender Entfernung auf, die Kennkarten in Empfang nehmen zu kommen. »Laß' mich nicht allein und geh' nicht mit ihm!« versuchte ich Rutka zurückzuhalten und sie vor dem Russen zu warnen. Aber Rutka warf mir einen selbstsicheren Blick zu und versprach, sofort wiederzukommen. Dann ging sie mit dem Russen fort. Es verging eine lange Zeit, Rutka kam nicht wieder. Meine Befürchtungen waren nur zu gut begründet gewesen. Als Rutka endlich kam, war sie übel zugerichtet: Rock und Bluse waren zerrissen, sie brach in Tränen aus. »Du hattest recht, Anuschka«, schluchzte sie. »Zum Glück hatte ich meine Uhr in der Manteltasche, sie hat mich vor einer Vergewaltigung gerettet. Dieser Schuft, dieser Lügner! Als wir zum Luftschutzbunker kamen, sollte ich mit ihm hineingehen, um die Kennkarten zu holen. Weil ich mich weigerte, packte er mich und wollte mich hineinschleppen. Ich wehrte mich, und da fiel mir die Uhr ein.« Noch am selben Tag wurde ich ins Krankenhaus gebracht. Dort lagen viele Kranke aus dem Lager. Nur die Chefärztin war Russin, alle anderen Ärzte kamen aus Konzentrationslagern. Rutka meldete sich freiwillig zur Arbeit als Krankenschwester, und so waren wir wieder zusammen. In den Monaten Mai und Juni mußte ich dort bleiben. Von meiner Typhuserkrankung wurde ich relativ schnell geheilt. Die Schmerzen in der linken Brustseite und die Atembeschwerden kamen von einer Entzündung der Lunge her, die sich mit Flüssigkeit gefüllt hatte, die in einem sehr schmerzhaften Vorgang abgesaugt werden mußte. Außerdem litt ich an einer Zahnfleischentzündung und an einer Entzündung des Nasen-Rachenraums. Zuweilen hatte ich das Gefühl, als sei an meinem Körper keine heile Stelle mehr vorhanden.

Es pflegte mich Gini, eine Ärztin, mit der ich kurze Zeit in Auschwitz zusammengewesen war. Wir wurden getrennt, als ich in das Zigeunerlager kam. Jetzt hatte uns das Schicksal wieder zusammengeführt. Durch Dr. Gini wurde mir eine hingebungsvolle, geradezu mütterliche Pflege zuteil. Zwei Monate wich sie nicht von meinem Bett, und als wir uns vor meiner Reise nach Frankreich verabschiedeten, sagte sie voller Wärme zu mir: »Anuschka, ich bin glücklich, daß es mir gelungen ist, dich wieder gesund zu machen. Es gab Augenblicke, da hatte ich die Hoffnung bereits aufgegeben ...«

Nach meiner völligen Genesung schloß ich mich einer Gruppe an, die westwärts reiste. Mein klares Ziel war Erez Israel, Palästina. Ich verabschiedete mich von Rutka, die sich als überzeugte Sozialistin auf den Weg in Richtung Tschechei machte. Unsere langen Diskussionen hatten zu keiner Übereinstimmung geführt.

In Frankreich

In diesen Tagen begann die sowjetische Regierung, alle aus Konzentrationslagern befreiten Landsleute wieder zurückzuholen. Der Bezirk Lemberg war russisch, und von Stalins Herrschaft hörte man Schlimmes. So war es für mich höchste Zeit, mich nach Westen abzusetzen. Ich wußte, daß ich das britische Konsulat aufsuchen mußte, um eine Genehmigung für meine Reise nach Erez Israel zu erhalten. Es kam mir nie der Gedanke, daß eines der westlichen Länder den Versuch unternehmen würde, mich von dieser Reise abzuhalten.

Ich benötigte für meine Reise nach Frankreich lediglich die Adresse eines Bekannten oder Verwandten dort. Die Adresse von Jean Pierre aus Steinkeller hatte ich mir gemerkt, und das Rote Kreuz organisierte die Ausreise der Flüchtlinge. Die erste Strecke vom sowjetisch besetzten Gebiet nach Westen legte ich mit dem Flugzeug zurück, von Brüssel aus ging es dann mit dem Zug nach Paris. Von dort aus fuhr ich nach Perpignan zu Jean Pierre.

Nach einigem Suchen fand ich schließlich sein Haus. Jean Pierre hatte sich in der Zwischenzeit vom Kriegsgefangenen wieder zu einem gutgekleideten, etablierten Bürger zurückverwandelt. Es war ein sehr herzliches Wiedersehen, und Jean Pierre erzählte mir die letzten Neuigkeiten vom Gut Steinkeller: Frau Pauli und ihre Kinder lebten immer noch dort, ihr Mann hatte angeblich Selbstmord begangen, und Hildegard, die ein kleines Mädchen geboren hatte, stand kurz vor der Hochzeit mit Do, ihrem französischen Freund. Wir unterhielten uns sehr lange miteinander. Ich erzählte ihm vom Ziel meiner Reise und bat ihn, mir den Weg zum britischen Konsulat zu ebnen. »Du bist aus der Kriegsgefangenschaft in dein Vaterland zurückgekehrt, und auch ich möchte in mein Heimatland zurückkehren.« Auf seinen erstaunten Blick hin erklärte ich ihm, daß ich nach Palästina auswandern wolle. Jean Pierre lächelte und schlug vor, zunächst zu seinem Bruder Robert zu gehen, der in einer Bank arbeitete. Robert bestand darauf, mir einen Kredit von 500 Francs zu gewähren. Als ich ablehnte, machte er mir klar, daß ich das Geld von Palästina aus zurückzahlen könne. So nahm ich es an und verabschiedete mich von guten Freunden.

Auf der Straße drehten sich zwei junge Männer nach mir um und fragten: »Barischna, wo kommst du her?« Ohne zu zögern, antwortete ich: »Aus Lemberg.« »Ja, wenn das so ist«, riefen sie, »dann komm mit uns! Du wirst eine Menge Leute aus Lemberg treffen, die hier im Lager sind, das die russischen Behörden eingerichtet haben.« Ich freute mich über diese Nachricht, doch kurz darauf befand ich mich selbst hinter den Toren des Lagers, in dem mit Billigung der französischen Regierung russische ›Deserteure‹ festgehalten wurden. Nahezu 1000 russische Männer und Frauen waren dort eingesperrt. Drei Wochen hielt ich es bei ihnen aus. Es waren rohe, trinksüchtige Männer darunter, mit einigen Mädchen jedoch freundete ich mich an. Sie flehten mich an: »Nimm uns mit nach Palästina! Wir gehen überall hin, nur nicht wieder zurück in die Sowjetunion!« Mir wurde immer klarer, daß es höchste Zeit war, aus dem Lager zu fliehen, um endlich zum britischen Konsulat zu gelangen.

Einwanderung nach Erez Israel

Ich hatte in der Zwischenzeit brieflichen Kontakt mit einem Onkel in Jerusalem aufgenommen, der seinerseits eine Verbindung zu einem Onkel in Amerika hergestellt hatte. Parallel dazu suchte ich einen Weg, um beim britischen Konsulat vorgelassen zu werden.

Mit Hilfe eines Weißrussen mit französischer Staatsbürgerschaft, der im Lager ein- und ausging, gelangte ich zum britischen Konsulat in Marseille, und hier erwartete mich wieder eine Enttäuschung.

Nicht das Konsulat war zuständig für Juden, die nach Palästina einreisen wollten, sondern die Jüdische Vertretung (Jewish Agency) bearbeitete diese Fälle.

Nach einigen Stunden kam ich müde und hungrig zu einem Privathaus, in dem sich die Jüdische Vertretung befinden sollte. Als die Türe geöffnet wurde, entschuldigte ich mich und sagte, daß mich das britische Konsulat hierher verwiesen habe. Der Mann, der mich empfing, führte mich wortlos in ein Zimmer am Ende des Korridors. Hier stellte ich mich einer Frau vor, die hinter einem Aktenberg an ihrem Schreibtisch saß. Im Halbdunkel der Abenddämmerung sah ich einen Soldaten der Alliierten im Zimmer stehen, und als ich näher hinsah, bemerkte ich neben seinem Rangabzeichen auf dem Ärmel seiner Uniform einen Davidstern.

Der Anblick des Soldaten mit dem Davidstern brachte mich völlig aus der Fassung. Es war ein Glücksgefühl, wie es Menschen nur empfinden können, wenn ihre geheimsten Wunschträume plötzlich Realität werden. In diesem Augenblick brachen all die Gefühle aus mir hervor, die sich während meines fünf Jahre währenden Leidensweges in mir angestaut hatten. Mit Blick auf den Davidstern und ohne mich weiter beherrschen zu können, begann ich zu weinen. Ich schluchzte unaufhörlich und versuchte auch nicht, meine Tränen aufzuhalten. In diesem Moment erlebte ich meine Identität als Jüdin ganz neu, eine alt-neue Identität, die ich Monate und Jahre in furchtbaren Ängsten hatte verbergen müssen.

Jetzt erst, in diesem Moment kehrte mein Selbstbewußtsein als Jüdin wieder zurück. Glücklich und stolz durfte ich mit erhobenem Kopf wieder mein Leben führen. Nachdem ich mich beruhigt hatte, erzählte ich Anna Sklorowitz mein Schicksal. Sie war die Leiterin der Jewish Agency in Marseille und sie schlug mir vor, daß ich zunächst in ihrem Haus bleiben sollte, um ihr bei der Hausarbeit zu helfen. Ich nahm ihr freundliches Angebot dankbar an.

Nach zwei Wochen kam ein Bote mit einem Affidavit für mich von meinem Onkel aus Amerika. Ich lehnte es mit der Begründung ab, daß es für mich nur noch einen Platz auf der Welt geben könne, und das sei Erez Israel. Frau Sklorowitz versprach mir, daß ich bei nächster Gelegenheit mit dem Schiff als illegale Einwanderin nach Israel fahren dürfe. Ich blieb bei ihr, und mit dem Arbeitslohn, den sie mir gab, zahlte ich meinen Kredit bei Robert zurück.

Am 3. September 1945 war ich an Bord der Mataroa in Toulon. Auf dem alten, schon vom Rost zerfressenen Schiff, drängten sich 200 britische Soldaten sowie 800 legale und rund 200 illegale Einwanderer. Die Überfahrt dauerte fünf Tage. Zusammengedrängt litten wir an Seekrankheit und Durchfall. Doch das beeinträchtigte unsere Stimmung nicht, ganz so wie es in Psalm 126 heißt: »Als der Herr die Gefangenen Zions heimführte, waren wir gleich Träumenden.« Wir sangen hebräische Lieder, tanzten Hora und waren glückselig über die nahe Verwirklichung unserer langgehegten Träume, über die greifbare Aussicht, mit eigenen Händen einen jüdischen Staat zu errichten.

Am Sabbat, Rosch Haschana 5705, am 8. September 1945 kamen wir in Haifa an. Es wurde zwischen der Hafenbehörde und den Vertretern der Einwanderer in Abstimmung mit dem Oberrabbinat vereinbart, daß wir am Sabbatende von Bord gehen würden, um nach Atlit gebracht zu werden. Im Schutz der Dunkelheit verließen so die Illegalen das Schiff, und ich kam mit einer Gruppe 13jähriger Jugendlicher in den nahegelegenen Kibbuz. Hier versteckte man mich zunächst aus Furcht vor den Briten in einer Scheune. Doch vor innerer Erregung und Erwartung konnte ich nicht einschlafen.

Der Morgen brach an. Durch die Ritzen ›meiner‹ Scheune konnte ich einzelne Gebäude erkennen. Ihr frischer Außenanstrich bewies mir, daß der Kibbuz vor noch gar nicht so langer Zeit entstanden war. Langsam zog der Tag herauf. Ich hörte Stimmen von Kindern, die gerade ihre Morgengymnastik machten. Als ich aus der Scheune herauskam, fragte ich: »Sind das alles jüdische Kinder?« »Wie können die Kinder eines Kibbuz etwas anderes sein als jüdische Kinder?« entgegnete mir die Leiterin verwundert. Beim Anblick dieser gesunden, schönen und freien Kinder zogen in meinem Geiste die Bilder von jüdischen Kindern vorüber, die zerlumpt und verfolgt in den Tod gehen mußten – nur weil sie Juden waren! Der Klang der hebräischen Sprache, den ich so lange entbehren mußte, kündete vom Ende des Leidens in der Diaspora.

Epilog – Nach vierzig Jahren

April 1985. – Ich erlebte unterdessen die Entstehung des Staates Israel, die Integration der Überlebenden aus Europa und unserer Brüder und Schwestern aus den arabischen Ländern. Ich erlebte die Entwicklung unseres Heimatlandes und die Leiden der Kriege. Bis zu meiner Pensionierung war ich als Kunsterzieherin tätig. Mein Mann, im Land geboren und nun ebenfalls pensioniert, hatte bisher keine Gelegenheit gehabt, einmal aus Israel herauszukommen. Und so kam uns der Gedanke, eine Reise nach Europa zu unternehmen. Dieser Plan weckte in mir auch den heimlichen Wunsch, Steinkeller einen Besuch abzustatten und, wenn es noch im Besitz der Familie Pauli wäre, Frau Hilla Pauli selbst aufzusuchen, um ihr zu sagen, was ich auf dem Herzen hatte.

Ende Mai. Der Zug war unterwegs in Richtung St. Martin am Grimming. Die Hitze, die noch am Morgen geherrscht hatte, ließ etwas nach. Der Himmel verfinsterte sich, und ein heftiger Regen setzte ein, wie ihn diese Alpenregion öfter erlebt. Der junge Kontrolleur riet uns, bereits in Oblarn auszusteigen, fünf Kilometer vor St. Martin, weil wir um diese Zeit dort keinen Anschluß mehr bekämen, während dagegen in Oblarn die Möglichkeit bestünde, eine Unterkunft zu finden. Wir gingen in den Wartesaal des Bahnhofs von Oblarn. Dort kam ich mit einem österreichischen Mädchen ins Gespräch und erfuhr, daß sie in St. Martin wohnte und auf ihre Tante wartete, die sie mit dem Auto nach Dimlarn mitnehmen wollte. Dimlarn lag nur einen Kilometer von Steinkeller entfernt. Die Tante, die in Dimlarn Zimmer vermietete, nahm auch uns mit dem Auto mit und gab uns für die Nacht Unterkunft.

Unterwegs erfuhren wir, daß Frau Pauli noch zusammen mit ihrem Sohn Günter und dessen Familie auf Steinkeller lebte. Sie war zwar schon sehr alt, aber noch bei guter Gesundheit und klarem Verstand. Ihr Ehemann Günter Pauli war angeblich von der Polizei gesucht worden, sollte unter falschem Namen in Deutschland gelebt haben und nach polizeilicher Erkenntnis vor einigen Jahren verstorben sein.

Am nächsten Morgen machten sich mein Mann und ich mit zwei Regenschirmen ›bewaffnet‹ bei strömendem Regen auf den Weg nach Steinkeller. Wir gingen erregt und mit dem Gefühl der Genugtuung, den 40. Jahrestag des Sturzes des Monsterregimes, zu dem auch Hilla Pauli gehörte, auf diese Weise zu begehen. Der Weg nach Steinkeller war mir noch bestens bekannt, auch die herrliche Aussicht, die uns begleitete. Steinkeller hatte sich nicht wesentlich verändert. Nur sah man jetzt nicht mehr die vielen Arbeiter wie damals. Es herrschte eine ungewöhnliche Ruhe.

Wir klopften am Tor, und eine junge Frau öffnete uns. Sie stellte sich später als die Ehefrau von Günter Pauli jun. vor. Ich fragte sie, ob ich Frau Hilla Pauli sprechen könne. Sehr höflich führte sie uns in die große Küche, an die ich mich noch sehr gut erinnern konnte, da sie seinerzeit als Eßraum für die Fremdarbeiter gedient hatte. Am Kopfende des Tisches saß Hilla Pauli, die ich sofort erkannte. Um den Tisch saßen Günter und seine Kinder im Alter von zwölf, sechzehn und neunzehn Jahren. Auch Hilla Paulis Tochter Elke war an diesem Tag zufällig zu Besuch. Sie wohnte sonst in Deutschland.

Während ich meine Erregung zu unterdrücken versuchte, ging ich auf Frau Pauli zu und fragte: »Frau Pauli, kennen Sie mich noch?« Nach einem Moment des Schweigens fuhr ich fort: »Vor 42 Jahren arbeitete ich hier als Kindermädchen für ihre Kinder Elke, Günter, Frauke und Klaus. Anna Osimok war mein Name. Mein Mann und ich besuchen Sie heute als Touristen, wir kommen gerade aus Jerusalem. Ich möchte meinem Mann Steinkeller zeigen, wo ich gearbeitet habe bis zu dem Tag, an dem Sie und Ihr Mann mich der Gestapo ausgeliefert haben.« Alle Anwesenden schwiegen. Hilla Pauli murmelte verlegen: »Merkwürdig, aber ich kann mich nicht daran erinnern.« Ich redete weiter: »1945 wurde ich nach meiner Haft in Auschwitz von den Engländern befreit. Und obwohl ich schon damals den dringenden Wunsch verspürte, Sie aufzusuchen und mit Ihnen zu sprechen, schien es mir zunächst wichtiger, nach Israel auszuwandern und mich am Aufbau des Staates zu beteiligen. Jetzt stehe ich vor Ihnen und frage Sie, warum Sie sich an den Machenschaften der Nazis beteiligt haben und was Sie zu dieser Rotte wahnsinniger Mörder hingezogen hat?« Ich wandte mich an Günter: »Auch Ihr Vater wollte mich in Auschwitz umbringen lassen!«

Günter, ein Mann von 49 Jahren, antwortete: »Es ist schwer für mich, das zu glauben.« Daraufhin bekräftigte ich nochmals meine Meinung, daß es sein Vater gewesen war, der mich nach Auschwitz gebracht hatte. In den folgenden zwei Stunden erzählte ich den Anwesenden alle Einzelheiten, die die Aktivitäten Günter und Hilla Paulis hinsichtlich meiner Person betrafen, und alle saßen wie Schüler da, die soeben von ihrem Lehrer getadelt worden waren.

Die Erwachsenen stotterten nur, daß sie damals noch Kinder gewesen waren und keinen Anteil an der Schuld der Nazis hätten. Die Kinder meinten, daß sie damals noch gar nicht geboren waren. Zum Schluß sagte ich: »Ich bin nicht gekommen, um mich an Ihnen zu rächen oder um Sie in Schwierigkeiten zu bringen. Aber es ist mir ein Bedürfnis, Ihnen zu beweisen, daß ich trotz der Bemühungen Ihres Vaters, mich zu vernichten, überlebt habe.«

Jetzt, nachdem sie gemerkt hatte, daß unser Zusammentreffen keine Gefahr mehr für sie bedeutete, tat Frau Pauli so, als ob sie sich allmählich erinnerte und versuchte, mich zu umarmen. Elke, inzwischen 51 Jahre alt, erzählte, daß ihre Kinder an einem Jugendaustausch mit Israel teilnehmen würden.

Wir verließen das Haus gemeinsam. Die ganze Familie begleitete uns. Diesmal verließ ich Steinkeller als Israelin, als Angehörige eines freien Volkes.

Anzeigen

Jüdische Geschichte

Else R. Behrend-Rosenfeld
Ich stand nicht allein

Leben einer Jüdin in Deutschland 1933–1944
Mit einem Nachwort von Marita Krauss.
1988. 270 Seiten mit 2 Porträts. Paperback
Beck'sche Reihe Band 351

Adam Czerniaków
Im Warschauer Getto

Das Tagebuch des Adam Czerniaków 1939–1942
Aus dem Polnischen von Silke Lent. Übertragung des Vorworts aus dem Hebräischen von Wolfgang Lotz. Mit einem Vorwort von Israel Guzman.
1986. XXVI, 303 Seiten. Gebunden

Mark Zborowski/Elizabeth Herzog
Das Schtetl

Die untergegangene Welt der osteuropäischen Juden
Aus dem Amerikanischen von Hans Richard
3., durchgesehene Auflage. 1992. 363 Seiten mit 19 Abbildungen. Gebunden

Deborah Dwork
Kinder mit dem gelben Stern

Europa 1933–1945
Aus dem Englischen von Gabriele Krüger-Wirrer
1994. 384 Seiten mit 39 Abbildungen und 1 Karte. Leinen

Michael Brenner
Nach dem Holocaust

Juden in Deutschland 1945–1950
1995. 254 Seiten mit 16 Abbildungen und 1 Karte. Paperback
Beck'sche Reihe Band 1139